作りおきに、お弁当に、アレンジ料理に

忙しい人こそ「煮込み料理」を！

タサン志麻

文化出版局

contents

本書の決まり

・野菜は特に表記のない場合、洗って皮をむいて使用します。
・油は特に表記のない場合、好みの植物油を使ってください。
・塩は好みのものを使ってください。こしょうは黒こしょうを使っています。
・小さじ1＝5㎖、大さじ1＝15㎖、1カップ＝200㎖。
・電子レンジの加熱時間は600Wが基準ですが、あくまでも目安にしてください。
・オーブンはコンベクションオーブンを使用しています。加熱時間は目安にしてください。

煮込み料理は手順がとっても簡単です。しかも応用がきくので、毎日忙しく過ごしている人にこそ、繰り返し作ってほしい料理です

私がみなさんに紹介したい料理はたくさんありますが、この本は、フランスの家庭でよく作る煮込み料理だけを集めました。私がいちばん気に入っているのが煮込み料理で、なぜなら作り方が簡単だからです。

煮込み料理は手間がかかると思われるかもしれません。でも私は、忙しいときや台所に立つのが億劫なときに煮込み料理を作ります。肉や魚と野菜を鍋に入れて水分を注いだら、あとはコンロにかけるだけ。手順がシンプルで、味つけや火加減にそれほど神経を使う必要がないからです。

また煮込み料理は味が変わりにくいので、作りおくのに最適の料理です。多めに作って冷凍しておけば、仕事で遅くなる日は、あの煮込みがあるなと思うと気が楽です。

わが家では、フランスの家庭の食卓と同じスタイルで、鍋ごとテーブルに出して各自お皿に取り分けて食べます。ふたを取ると湯気がぱあっと上がって、「どれ食べる?」「もっとお肉入れて」と言いながらの食卓はにぎやかで、体も温まって一日の疲れも取れます。

こんなふうに、煮込み料理は忙しく毎日を過ごしている人にこそ作ってほしいし、気持ちをほころばせ、笑顔を集める力がある料理です。

> 「簡単さや食べる雰囲気は日本のお鍋に似ているかも」

煮込んでいる最中はずっとコンロの前にいる必要はなくて、ときどき横目で見ながら、煮上がるまで好きなことができます。洗濯物をたたんだり、片づけ物をしたり、絵本を読んであげたり。夫や子どもたちとテーブルを囲んで、煮込みに使い残ったワインを飲みながら今日のできごとを報告し合うのも、こういう時間です。

準備の簡単さや食べる雰囲気は、日本のお鍋に似ているかもしれません。お鍋もおいしくて好きだけれど、煮込み料理は種類がたくさんあって、さまざまな材料でいろんな味が楽しめます。肉はいろんな部位が使えるし、豆の煮込みもあります。野菜はにんじんや玉ねぎはもちろん、パプリカやズッキーニのような夏野菜もあれば、きのこの煮込みもおいしいです。

フランスの家庭では、煮込みは一年を通して食べます。テーブルに鍋ごと出すと豪華なので、もてなしにも使えます。

「作りやすくておいしいレシピを」と集めたこの本でも、数えてみると38種類もありました。でも作る手順は、どれも似たようなもの。いくつか試していくうちに、気がつけばすっかりご自分のレパートリーになっているのではと思います。

火加減や味つけに細かい気づかいが不要です

煮込み料理は、作り方が単純です。基本的には、肉や魚に下味の塩をしっかりめにして、野菜と一緒に水分で煮込むだけ。

煮込みのスタートは強火です。ワインのアルコールを飛ばし、あくをよく出すためです。

沸騰し始めるとあくが出てくるので、きれいに取りのぞいてからコンソメとハーブを入れます。あとはふたをして、クツクツと小さく泡立つくらいの弱火で、具材がすっかりやわらかくなるまで煮るだけです。

フランスでは2〜3時間煮るのが当たり前なのですが、この本では「ふたをしてから1時間」と統一しました。余裕があればもっと煮てもいいし、時間がないときは材料がやわらかくなれば1時間煮なくてもかまいません。

材料の状態（産地や季節によって含んでいる水分量が違うなど）や、各家庭のコンロの調子、また好みによって、煮込み時間は変わるので、途中で煮込み具合を確かめて、時間を加減してください。また、焦げつきが心配な場合は、2〜3回鍋の底を混ぜるようにしてください。

やわらかく煮込んだら、あとはふたを取って、中火くらいの火加減で好みの濃度に煮つめます。

味つけは基本的に塩だけです。最初に肉や魚にしっかり塩をふっておけば、あとはコンソメの塩分だけですむことも多いです。なお、味見は煮つめたあとにします。塩加減が足りないと思えば、このときに加えてください。

基本の手順と、おいしく作るポイントをまとめておきます。

・**肉にしっかり塩こしょう。**
塩の量は肉の重さの0.8〜1%と覚える。500gの肉なら塩は500×0・008（または0・01）＝4〜5gつまり小さじ1くらい。

・**肉の表面をこんがり焼く。**
鍋を強火にかけ、肉を動かさないで、焼きつけるようにする。

・**野菜を加え、水分を注いで強火に。**
水分はひたひたが基本。鍋肌の焦げをこそげ落とし、強火で沸騰させる。

・**あくを取りのぞいて弱火で煮込む。**
あくをきれいにすくい取ってから、コンソメとハーブを入れて、ふたをして煮込む。火加減は、小さい泡がポコポコたっている程度の弱火。

・**最後にふたを取って煮つめる。**
具材がやわらかくなったら、味がのってくるまで煮つめる。

最初はレシピを見ながら、何度か作っていくうちに煮込み料理が身についていくと思います。料理作りは毎日のことなので、気楽にできるようになれば、気持ちに余裕が生まれます。

気持ちの余裕は時間の余裕。ゆったりした時間を家族や友人と過ごせるようになるのが私自身の望みであり、みなさんにもお伝えしたいことです。

作り方は基本的にみんな同じで、仕込んでしまえば鍋まかせ。台所仕事の余裕は、暮しの余裕を生みます

たっぷり作って冷凍すると、かなりの安心材料になります

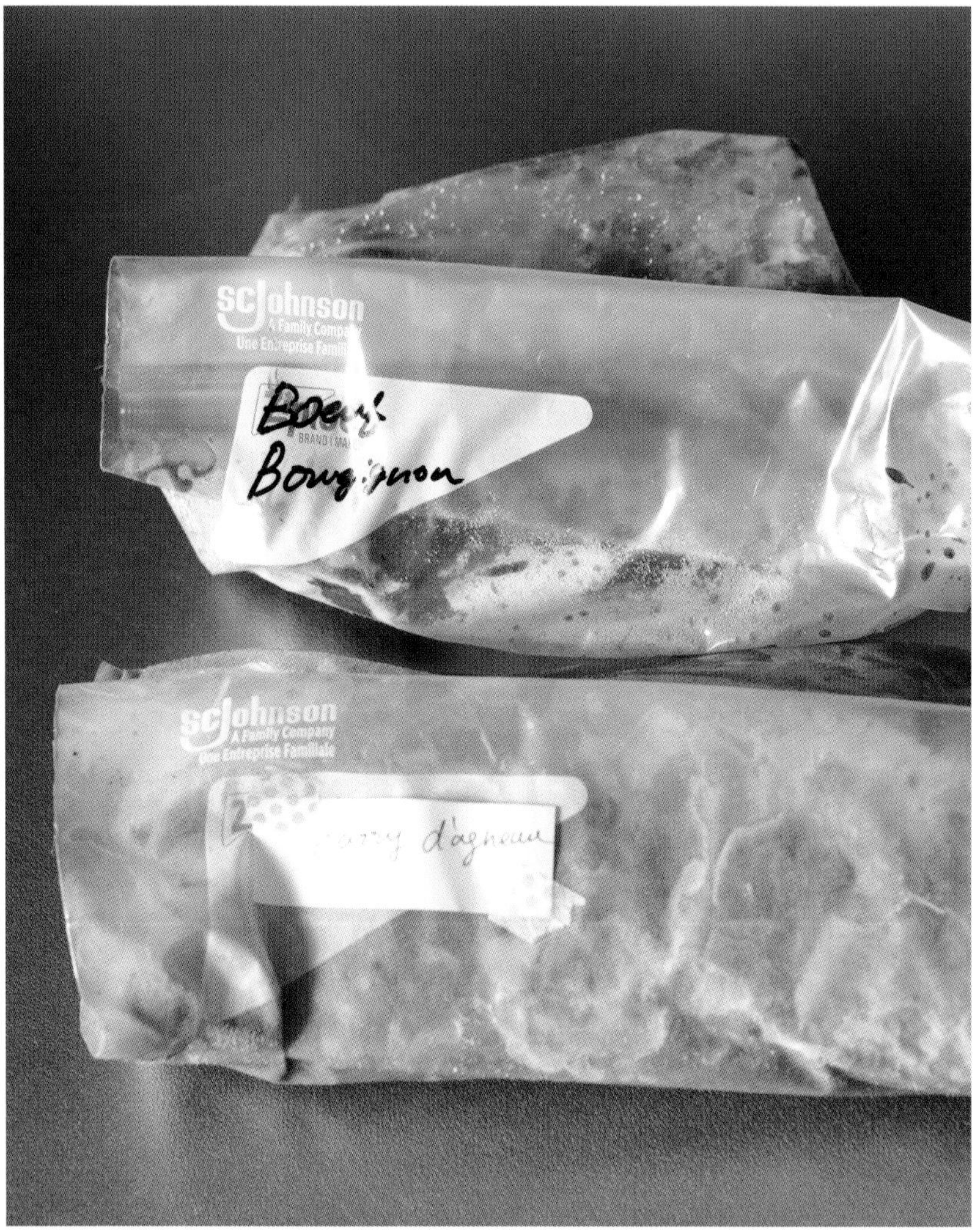

煮込みは余分な水分がないので、冷凍向きです。冷凍用のジッパー付き保存袋に入れて

煮込み料理は、材料によく火が入って水っぽさが抜けているので、冷凍しても味が変わらずおいしく食べられます。私はいつも倍量を作って、残りを2、3日のうちに食べるなら冷蔵し、もっとあとで食べようと思えば冷凍します。

密封袋で保存する場合は、できるだけ空気を抜いてジッパーをきっちり閉めます。

密封容器で保存する場合は、ラップを表面に密着させるようにかぶせてからふたをします。こうすると、空気に触れないので乾燥や酸化が防げます。

冷凍する袋や容器は水気がないようにして、清潔な箸やスプーンで入れてください。

食べるときは、電子レンジで解凍してから鍋に中身をあけて加熱するのがベストですが、電子レンジで熱くしてそのまま食べても、もちろん大丈夫。

オフィスのランチや子どものお弁当にも

フランス人は、お昼は残り物をお弁当にして持っていくか、家に帰って食べる人がほとんどです。

そんな彼らのランチの定番が、作りおいた煮込み料理。お弁当に持っていくときには、コンテナに入れてバケットを添えて、職場の電子レンジで温めて食べています。

ミートボールの煮込みはお弁当にぴったり。ゆで卵やブロッコリーを添えると見た目もきれいで栄養バランスもいい。わが家でも、子どものお弁当にせがまれます。

ソースをどけて、煮込んだ肉や魚だけを入れてもいいし、鍋底に残ったソースを、ゆでた野菜にからませて詰めてもおいしいです。

煮込みの残りをお弁当に使うときは、朝によく加熱し直してから、お弁当に入れてください。

ソースが多い煮込みは、保温の効くポットに入れて持っていくのもいいですね。

ミートボールのトマト煮で 作り方60ページ

牛肉の赤ワイン煮込みで 作り方14ページ

アレンジすると飽きずにおいしくいただけます

煮込み料理は具材にもソースにもしっかり味がついているので、いろんな料理にアレンジできます。

赤ワイン煮やトマト煮など濃厚でよく煮つめた煮込みは、グラタンやラザニアにしたり、ゆでつぶしたじゃがいもをのせてパルマンティエにしたり。冷凍のパイ生地で包んで焼けば、ミートソースのパイ包み風になります。

ソースだけ、あるいは具材だけを活用することもできます。たとえば鶏のクリーム煮のソースだけが残ったら、パスタをゆでてあえればクリームパスタに。鶏肉だけ残ったら、ほぐして野菜と合わせてサラダに。

ポトフのようなスープ状の煮込みは、牛乳や生クリームを加えればクリームスープに、カレー粉を足せばカレースープに、トマトやパスタを加えればミネストローネになります。

● ポトフのアレンジ
ミネストローネ風スープ 作り方40ページ

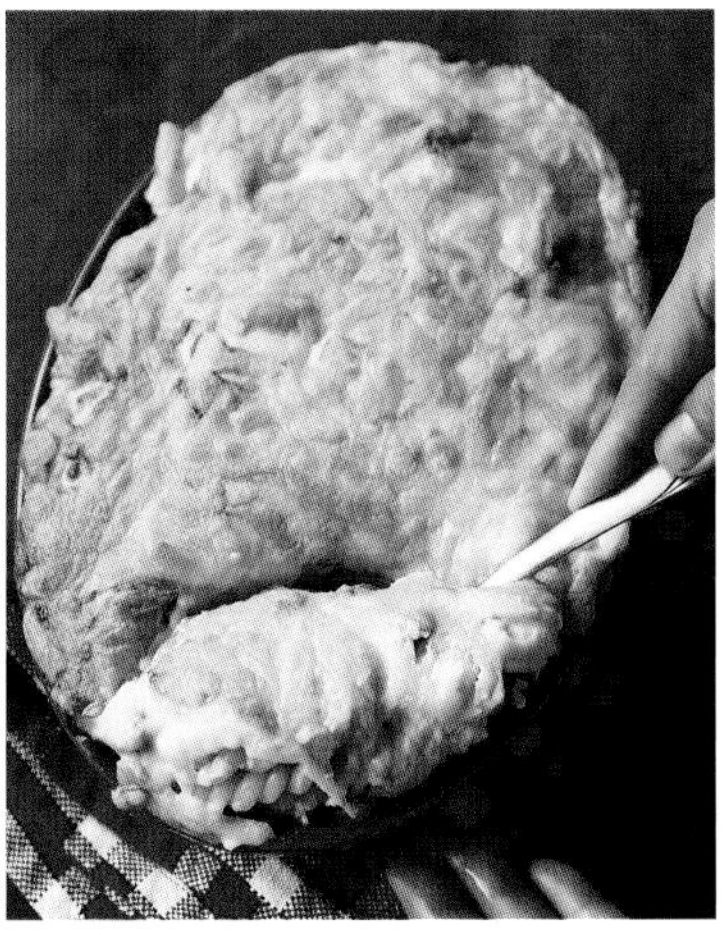

● 牛肉の赤ワイン煮込みのアレンジ
グラタン 作り方41ページ

特別な道具も材料もいりません。台所でいつも使っているもので充分です

小さなまな板、ペティナイフ、菜箸、スプーン

下ごしらえは、小さなまな板とペティナイフですませています。

私は切ったそばから鍋に入れていくので、小ぶりのまな板だと鍋に入れやすく、重くなくて扱いやすいからです。ペティナイフは手にぴったりなじんで適度に力が入れやすく、魚も肉も野菜も、下ごしらえはこれ一つです。

調理中は菜箸とスプーンです。菜箸は、混ぜるのも炒めるのも材料を返すのにも万能です。

ロマンのお母さんも「なんて便利!」とまとめ買いして帰ったほどでした。

味見をしたり盛りつけたりするときに便利なのが、カレースプーンです。菜箸もスプーンも、洗うのも簡単で、すぐに乾きます。

鍋とフライパンのセット、ボウル、ざる、トレイ(丸型)

煮込み鍋といえば、どっしり分厚い鍋が定番ですが、私が使っているのはもっと軽くて一般的な鍋です。重い鍋は扱いが大変で、結局棚の奥にしまい込んでいる家庭が多いようです。家庭料理では、鍋の種類によって仕上がりに大きな影響は出ないので、自分の使いやすい鍋がいいと思います。

私は、鍋やざるの類はセットでそろえています。こうした道具は、調理中にちょうどいい大きさを使いたくなるもの。セットの道具は大中小の大きさが考えられているので使いやすく、コンパクトに収納できる点も気に入っています。

なお、穴が開いているふたは、穴がないふたより煮つまりやすいことを覚えておきましょう。

塩、こしょう、コンソメキューブ、ローリエ、タイム、赤白ワイン

フランス料理の味つけは塩だけです。私はブランドにはこだわりがなく、使っているのは加減がしやすいサラサラの塩です。

私が常備しているこしょうは1種類で、ひきかけるタイプの黒こしょうです。白でも黒でも好みでかまいません。

コンソメは、フランス料理のだしのベースです。メーカーによってしょっぱさが違うので、味見しながら使ってください。チキンか野菜のコンソメがオールマイティです。

ワインは煮込みには欠かせません。料理用ではなく飲むためのワインを使うのがおいしさのコツで、赤ならフルボディ、白なら辛口がおすすめです。

ハーブもフレンチの常備材料ですが、あれこれそろえる必要はなく、ローリエとタイムがあれば煮込みはぐっとおいしくなります。

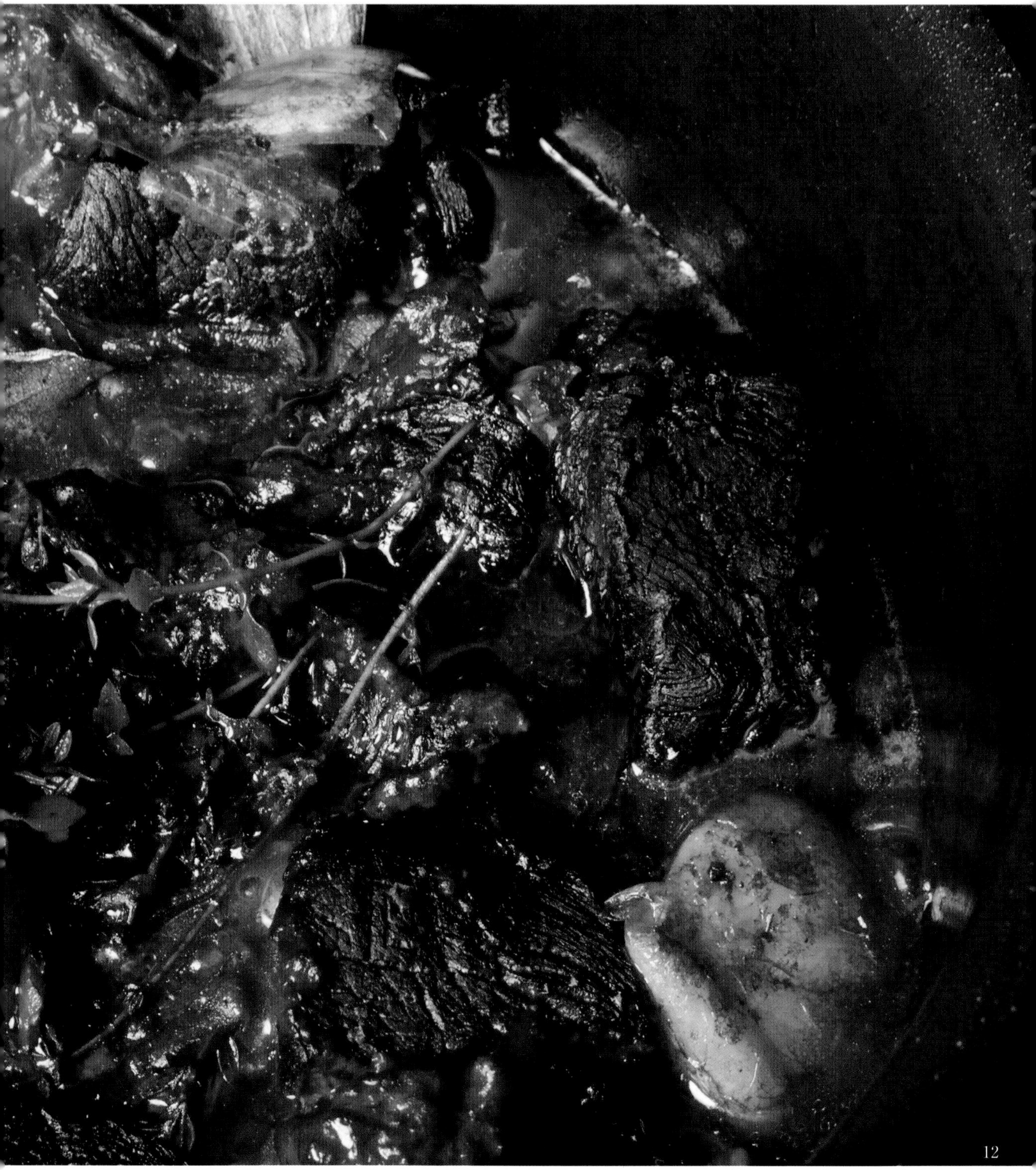

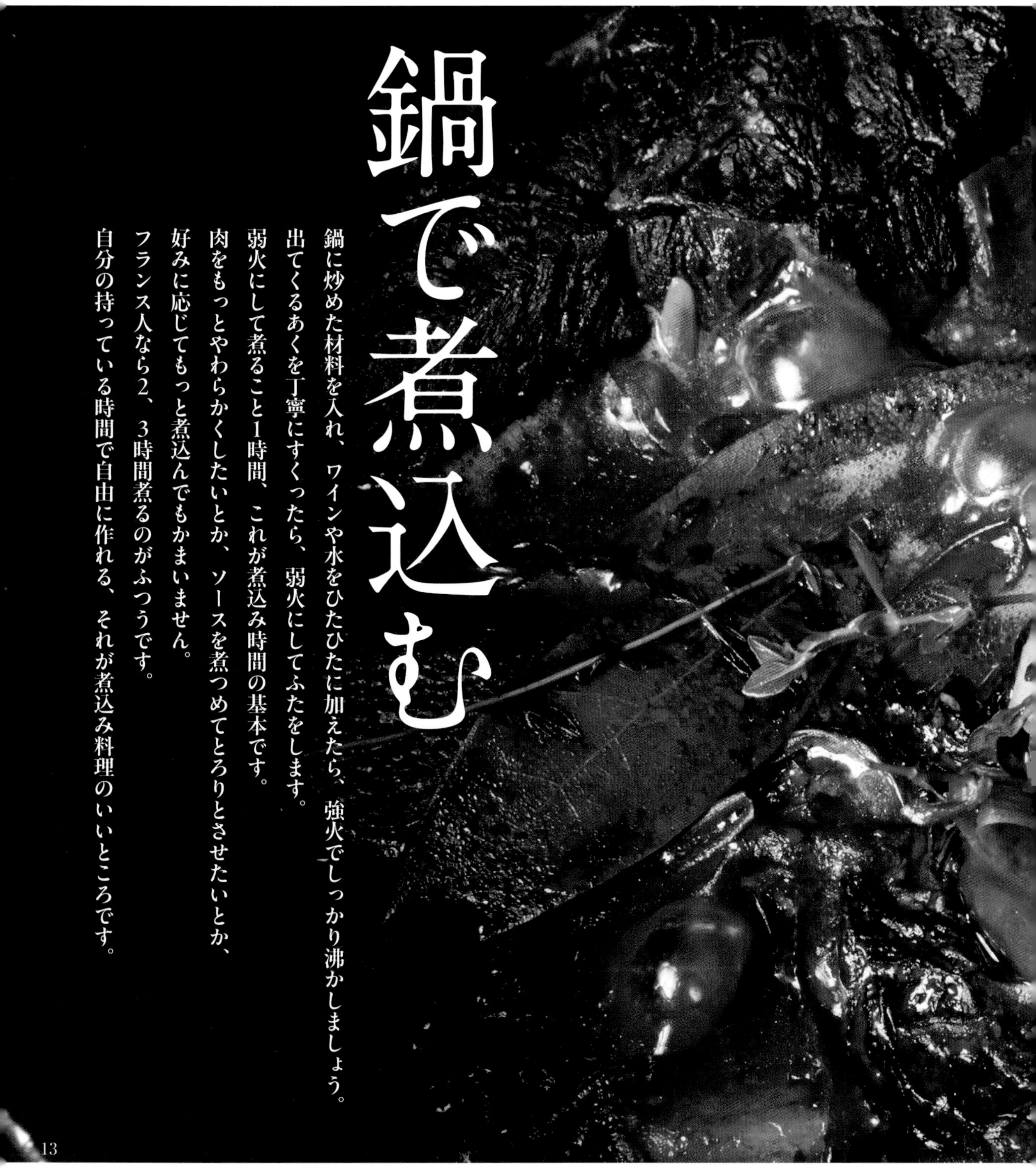

鍋で煮込む

鍋に炒めた材料を入れ、ワインや水をひたひたに加えたら、強火でしっかり沸かしましょう。

出てくるあくを丁寧にすくったら、弱火にしてふたをします。

弱火にして煮ること1時間、これが煮込み時間の基本です。

肉をもっとやわらかくしたいとか、ソースを煮つめてとろりとさせたいとか、
好みに応じてもっと煮込んでもかまいません。

フランス人なら2、3時間煮るのがふつうです。

自分の持っている時間で自由に作れる、それが煮込み料理のいいところです。

牛肉の赤ワイン煮込み

Boeuf bourguignon

煮込み料理の代表といえば、こちら！　できれば、作りおきをしてほしいので、多めの分量でいちばん本格的な作り方を紹介します。友達が来る特別の日には、前の晩から牛のすね肉をワインとくず野菜に浸して冷蔵庫にねかせます。牛肉は赤身のすね肉がおすすめですが、お好みの部位でかまいませんし、国産に限りません。さらにいえば豚肉だっていいです。最初はレシピ通りに作っても、慣れてきたら自分なりに調整できるのが、煮込み料理のよさ。

最初はひたひただった煮汁が最後には牛肉にまとわるようなおいしいソースに変わっています。マッシュルームソテーとにんじんグラッセ、フェットチーネを盛り合わせて完成です。

材料：作りやすい分量

牛の塊肉（すね肉など）　800g
［塩　肉の0.8〜1%、こしょう　適量
赤ワイン　1本（750mℓ）
香味野菜
- 玉ねぎ　1個
- にんじん（細目）の皮＊　2〜4本
- セロリ（あれば）　½本
- にんにく　½株

小麦粉　大さじ2
サラダ油　大さじ2
コンソメキューブ　1個
タイム（小枝）　2〜3本、
　ローリエ　1〜2枚
はちみつ　大さじ1〜2
付け合わせ
- マッシュルームソテー　93ページ参照
- にんじんグラッセ　93ページ参照
- フェットチーネ　93ページ参照

＊にんじんはグラッセに使う。

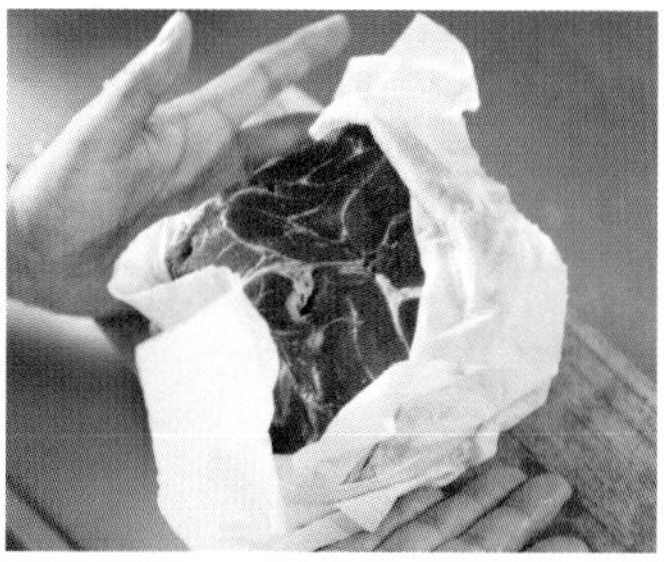

1 牛肉はペーパータオルで水気をよくふく。

2 肉のうまみを味わうため、大きな角切りにする。

3 ボウルに牛肉を入れて赤ワインを注ぎ、ざく切りの香味野菜と混ぜる。

4 ボウルの表面にラップを落としぶたのようにかぶせ、冷蔵庫で一晩ねかす。

5 **4** をボウルで受けたざるでこし、牛肉、香味野菜、赤ワインを分ける。

6 牛肉に水気が残っていると、肉がこんがり焼けず、うまみが出ない。ペーパータオルで水分をよくふき、しっかりめに塩、こしょうをする。

7 肉の表面に小麦粉をまぶしつける。小麦粉の量によってとろみのつき具合が変わる。

8 鍋に油をひいて熱し、牛肉を入れて焼き色がつくまで、強火で表面を焼く。

9 牛肉をトレイに取り出す。鍋肌についた焦げがうまみになる。

10 空いた鍋に必要なら油を足し、取り分けておいた香味野菜を入れて、よく炒める。

11 牛肉を戻し入れ、ボウルに受けた赤ワインを加え、水（1～2カップ）をひたひたに加える。

12 強火にして沸騰させ、浮いてきたあくを丁寧にすくう。

13 コンソメ、タイム、ローリエを加えてふたをし、弱火で1時間～1時間半煮込む。煮込んでいる間に付け合わせの準備をする。

14 肉がやわらかくなったら、ボウルを受けたざるにあけ、煮汁と肉を鍋に戻す。

15 ざるに残った野菜をスプーンの背でしっかり押し、にんにくや玉ねぎなど煮とけてざるから出てきたものは鍋に戻し、残りは捨てる。

16 鍋を火にかけ、ふたはせずに煮汁を半分くらいまで煮つめてとろみをつける。味をみて、足りなければ塩、こしょう（分量外）で調え、はちみつ（または砂糖）で甘みをつけ、味を調える。皿に盛り、付け合わせを添える。

豚肉とプルーンの赤ワイン煮

Poitrine de porc aux pruneaux

乾燥プルーンが煮汁に溶けてなめらかなソースとなり、豚バラ肉のうまみをいっそう引き立てます。14ページの牛肉の赤ワイン煮込みと同じように前日からワインでマリネするとよりこくが出ます。その場合はたっぷり1本（750㎖）を使いきります。ワインは料理酒ではなく、安価でもいいのでフルボディと書いてあるタイプを選びましょう。

材料：作りやすい分量
豚バラ肉　500〜600g
┌塩　肉の0.8〜1%、こしょう　適量
└小麦粉　大さじ1
サラダ油　大さじ1
赤ワイン　500〜750㎖
（前日からマリネする場合は750㎖使う）
コンソメキューブ　1個
タイム（小枝）　2〜3本、ローリエ　1〜2枚
プルーン　150g
はちみつ　小さじ1
付け合わせ
┌じゃがいものピュレ（92ページ参照）
└クレソン　適量

1
豚バラ肉はペーパータオルで水分をよくふきとり、4等分に切り、しっかりめに塩、こしょうをし、小麦粉をまぶしつける。

2
鍋に油をひいて強火にかけ、**1**を入れて焼き色がつくまで焼く。赤ワインを注いで、鍋肌のうまみをこそげ落とし、ひたひたの水を加えて沸騰させ、あくをすくって、コンソメ、タイム、ローリエ、プルーンを加え、ふたをして弱火で1時間煮込む。

3
肉がやわらかくなったらふたを取り、そのまま煮汁が半分になるまで煮つめる。味をみて、はちみつを加えて味を調える。

4
皿によそい、じゃがいものピュレ、クレソンをともに盛りつける。

プルーンに限らず、いちじく、デーツなどの乾燥フルーツをお好みで。

Ragoût de bœuf

牛肉のラグー

にんじんの切り方を印象的にしたトマト風味の煮込みです。トマトはペーストを使いますが、肉と一緒によく炒めて酸味を飛ばすのがポイント。煮汁がとろりと肉にかかるくらいまで煮つめているので、器はフラットな皿でもスープ皿でも盛りやすいです。フランス人はこの煮込みに生クリームを加えるときもあります。お好みでしたらどうぞ。

材料：作りやすい分量
牛すね肉などの塊肉　600g
┌塩　肉の0.8〜1%、こしょう　適量
└小麦粉　大さじ1
サラダ油　大さじ2
にんじん（細いもの）　3〜4本
玉ねぎ　1個
いんげん　10本
トマトペースト（スティック状）　3〜4本
白ワイン　100mℓ
コンソメキューブ　1個
タイム（小枝）　2〜3本、ローリエ　1〜2枚
塩、こしょう　各適量
付け合わせ
［エクラゼドポム　92ページ参照

1 牛肉は大きめの一口大に切り、しっかりめに塩、こしょうをして、小麦粉をまぶしつける。
2 フライパンに油をひいて強火にかけ、**1**の肉を入れて表面に焼き色がつくまで焼く。
3 トマトペーストを加えて、炒めながら酸味を飛ばし、白ワインを加えて、鍋肌のうまみをこそげ落とす。
4 **3**にひたひたの水を加えて沸騰させ、あくをすくい、コンソメ、皮をむいて縦四等分に切ったにんじん、みじん切りの玉ねぎ、タイム、ローリエを加えてふたをし、弱火で1時間煮込む。途中、へたを取ったいんげんを加えて20分ほど煮る。
5 煮込んでいる間に付け合わせのエクラゼドポムを作る。
6 肉がやわらかくなったらふたを取り、煮汁を煮つめる。味をみて、塩、こしょうで調える。皿に盛りつけ、エクラゼドポムを添える。

じゃがいもは洗って皮つきのままラップで包み、600Wの電子レンジで1個につき3分（上下を返して1分30秒ずつ）加熱します。しばらくおいて粗熱が取れてから皮をむくと、しっとりします。

塩豚とレンズ豆の煮込み

Petit salé aux lentilles

フランス料理にとって塩豚は便利な仕込み物。塊のまま塩をしっかりまぶして冷蔵庫で熟成させると肉のうまみがぎゅっと濃縮されて、そのまま焼いてもおいしく、レンズ豆の煮込みを添えるのもスタンダード。ここでは大きく二つに切って1時間ほどゆでて、最後にレンズ豆の煮込みとなじませる一品を紹介します。塩豚のうまみで味わうシンプルな煮込みは、思いのほかさっぱりしています。ゆで塩豚もレンズ豆の煮込みもそれぞれアレンジ自在です。

材料：作りやすい分量
豚バラ塊肉　400〜500g
［塩　肉の3%が目安
タイム（小枝）　2〜3本、ローリエ　1〜2枚
玉ねぎ　½個
にんじん　1本
ベーコンブロック　50g
サラダ油　大さじ2
レンズ豆　200〜300g
コンソメキューブ　1個

1 豚バラ肉は塊のまま3%の塩をまぶし、ラップをぴったりかけて包み、冷蔵庫で3〜4日漬け込む（a）。

2 豚バラ肉をさっと洗って二等分に切り、鍋に入れてしっかりかぶるくらいの水を注ぎ、火にかける。中火でゆっくり沸騰させ、あくをすくい、タイム、ローリエを入れて1時間ほど煮る。途中、肉の表面が出てきたら水を足す。

3 別の鍋に油をひき、大きめの角切りにした玉ねぎ、にんじん、ベーコンをじっくり炒め、しんなりしてきたらレンズ豆を加える（b）。油が回ったら、**2**の煮汁をしっかりかぶるまで加え、コンソメを入れて15分ほど、豆がやわらかくなるまで煮る（c）。

4 **3**のレンズ豆が煮ている間に煮つまったら**2**の豚バラの煮汁を足して、味を調える。肉を食べやすくカットして加え、軽く煮てなじませる。味をみて、煮汁やこしょう（分量外）で調え、器に盛りつける。

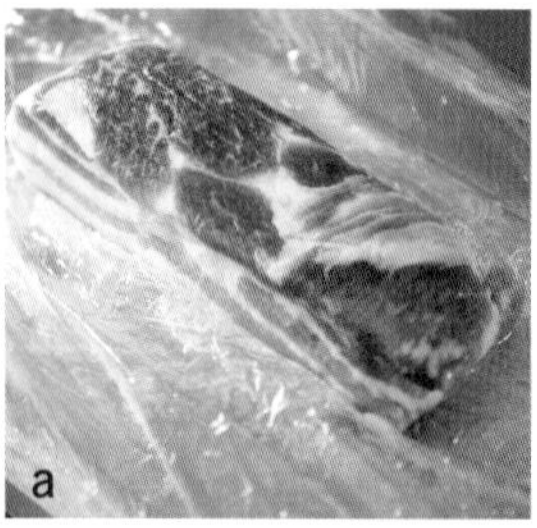
a

b

c

アレンジ ● **レンズ豆のサラダ**

レンズ豆の煮込みの汁気を軽くきり、パセリのみじん切り少々と混ぜ、ヴィネグレットソース（酢1、オリーブ油3、塩、こしょう各適量）とあえていただきます。

色とりどりのパプリカとピーマンの細切りをたっぷり加えた、鶏肉のトマト風味の煮込みです。とろりと煮えたパプリカがなんともいえないおいしさ。本場バスクでは仕上げにピマンデスペレットという甘みのある香り豊かなとうがらしをふります。お好みでとうがらしやパプリカパウダーをふって楽しんでください。

Poulet basquaise

鶏肉のバスク風煮込み

材料：作りやすい分量
鶏もも肉　4枚
- 塩　肉の0.8〜1%
- こしょう　適量

オリーブ油　大さじ1
玉ねぎ　1個
パプリカ（赤、黄）　各2個
ピーマン　4〜5個
にんにく　2かけ
トマト缶（400g）　1缶
白ワイン　100mℓ
コンソメキューブ　1個
タイム（小枝）　2〜3本、ローリエ　1〜2枚

1 鶏もも肉は半分に切ってペーパータオルで水分をふき取り、しっかりめに塩、こしょうをする。

2 フライパンにオリーブ油をひいて強火にかけ、**1**の鶏肉を皮目から焼いて焼き色がついたら身を返し、さっと焼いて取り出す。脂が多すぎたらペーパータオルに吸わせる（**a**）。

3 鍋に細切りにした玉ねぎ、パプリカ、ピーマンと、薄切りのにんにく、トマト缶を加えてよくなじませ（**b**）、取り出した鶏肉を上にのせ、あれば肉汁も加える。**2**のフライパンに白ワインを注いで沸騰させ、肉のうまみをこそげ落として鍋に注ぎ入れる。水100mℓ（トマト缶に入れて洗う）、コンソメ、タイム、ローリエを加え、沸騰させたら、ふたをして弱火で30分煮込む（**c**）。

4 ふたを取って煮汁を煮つめる。味をみて塩（分量外）で味を調え、皿に盛りつける。

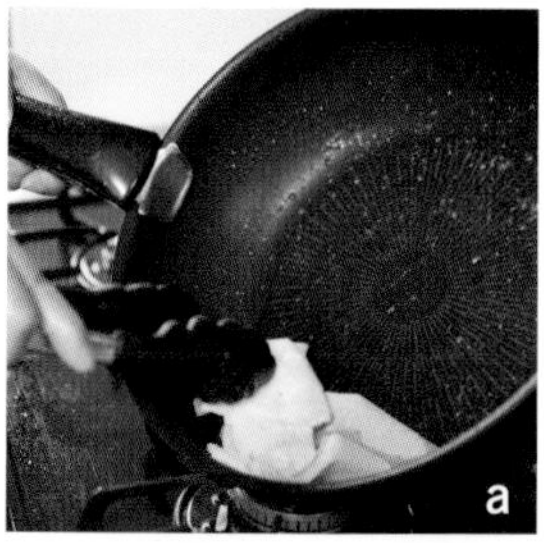
a

c

b

ラム（子羊）は独特の香りがあって苦手というかたには、白ワインとトマトで煮込む、この料理がおすすめです。春は羊の出産シーズンで、フランス人はやわらかでさっぱりしたラム肉を好んでいただきます。煮込みに春野菜をたっぷり合わせると食欲も増進。季節の素材同士によっておいしい料理が生まれます。

Navarin d'agneau

ラムと春野菜のトマト煮込み

材料

羊肉（ラム）　600g

- 塩　肉の0.8〜1%、こしょう　適量
- 小麦粉　大さじ1〜2

オリーブ油　大さじ2

トマトペースト（スティック状）　4本分（大さじ4）

白ワイン　100mℓ

コンソメキューブ　1個

タイム（小枝）　2〜3枝、ローリエ　1〜2枚

付け合わせ

- 春野菜のバターソテー　下記参照

1 羊肉はペーパータオルで水分をふき取り、大きめの一口大に切って、しっかりめに塩、こしょうをふり、小麦粉をまぶす。鍋にオリーブ油をひいて強火にかけ、肉に焼き色がつくまで焼く。

2 **1**にトマトペーストを加え、炒めて酸味を飛ばし、白ワインを加えてうまみをこそげ落とす。

3 **2**にひたひたの水を加え、強火にかける。沸騰させてあくをすくい、コンソメ、タイム、ローリエを加え、ふたをして弱火で1時間煮込む。

4 煮込んでいる間に付け合わせの野菜を用意する（下記参照）。

5 肉がやわらかくなったらふたを取り、煮汁を半分くらいになるまで煮つめ、味をみて、塩、こしょう（各分量外）で調える。

6 皿に煮込みをよそい、付け合わせの野菜を飾る。

春野菜のバターソテー

野菜をゆでるときはフライパンを使って、かたいものから順番に加えていくと重ならず、むらなく火が入ります。フライパンに湯を沸かし、にんじんの輪切り1本分からゆではじめ、玉ねぎのくし形切り1個分（a）を入れてしばらくゆで、小かぶの四等分2〜3個分、いんげんのへたを取って10本、グリーンピース（冷凍可）½カップを順に加えます。すべてに程よく火が通ったら、湯を少しだけ残して捨て（b）、バター20gほどを加え（c）、ゆすりながらゆで汁とバターを乳化させます。

Curry d'agneau

羊のカレー煮込み

羊肉にはスパイスが欠かせませんが、フランス人はスパイシーなのが苦手。だから、カレーにはバナナやココナッツミルクを使い甘めに仕上げることが多いです。前菜にはグリーンサラダです。実はフランスでは煮込み料理にサラダを添える習慣がありません。カレー以外の煮込みには、にんじんグラッセや、ゆでたりピュレにしたりしたじゃがいものほうがよく合うからです。

材料：作りやすい分量
羊肉　600g
［塩　肉の0.8〜1%、こしょう　適量
　カレー粉　大さじ2（好みで）、小麦粉　大さじ1
油　大さじ2
玉ねぎ　1個
白ワイン　100㎖
りんご（すりおろす）　1個分
バナナ（フォークでつぶす）　1本分
トマト缶（400g）　1缶
コンソメキューブ　1個
タイム（小枝）　2〜3本、ローリエ　1枚
マスタード　大さじ1〜2
生クリーム　50〜100㎖（好みで）
付け合わせ
［バターライス　93ページ参照

1 羊肉はペーパータオルで水分をふき取り、大きめの一口大に切ってしっかりめに塩、こしょうをし、カレー粉と小麦粉を順にまぶす。

2 鍋に油をひき、**1**の肉に焼き色がつくまで焼いて一度取り出し、玉ねぎのスライスをじっくり炒めて肉を戻し入れる。白ワインを加えてうまみをこそげ落とし、トマト缶、ひたひたの水（トマト缶に入れて洗う）を加えて沸騰させる。あくをすくい、りんごのすりおろし、フォークでつぶしたバナナ、コンソメ、タイム、ローリエを加え、ふたをして1時間煮込む。

3 肉がやわらかくなったらふたを取り、煮汁を煮つめる。肉だけを取り出し、煮汁はミキサーにかけてなめらかにし、肉も一緒に鍋に戻す。

4 マスタード、生クリームを加え、味をみながらそれぞれ量を加減し、味をみて足りなければ塩（分量外）で調える。皿にパセリのみじん切り（分量外）を散らしたバターライスとカレーを盛りつける。

グリーンサラダ

サラダはまず、ちぎってからさっと水に放して洗い、ざるに上げて水をきり、冷蔵庫に入れてしゃきっとさせます（a）。レタスをちぎるときは一口大の三角形にすると、立体感のあるサラダができます（b）。また少しだけ赤い葉を加えると彩りがきれいで、ふんわり重ねると立体感が出てきれいです。ドレッシングはヴィネグレットソースがおすすめ。酢大さじ4、オリーブ油＋サラダ油180㎖、塩小さじ½、こしょう適量、マスタード大さじ2をよく混ぜて作ります。

a

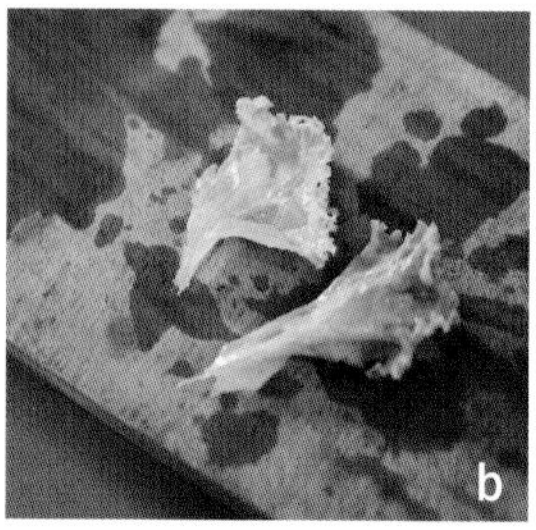
b

シュークルート

Choucroute

シュークルートは発酵させたキャベツの漬物です。シュークルートを使ったフランス・アルザス地方の郷土料理も同じ名前で呼ばれます。ソーセージとベーコンは仕上げの5分前に加えて、煮込みすぎないようにします。キャベツのまろやかな酸味とうまみによって、実にやさしい味わいに仕上がります。スーパーで瓶詰や缶詰が手軽に買えますが、なければキャベツで代用し、酢を少々加えて作ることもできます。

材料：作りやすい分量
鶏もも肉　2枚
［塩　肉の0.8〜1%、こしょう　適量
太めのソーセージ　4本
ベーコンブロック（四等分に切る）　100g
玉ねぎ　1個
シュークルート（720g前後）　1瓶
白ワイン　100mℓ
コンソメキューブ　1個
タイム（小枝）　2〜3本、ローリエ　1〜2枚
油　大さじ2
じゃがいも　4個
にんじん（縦横に切って四等分）　2本分

1 鍋に油大さじ1をひいて弱火にかけ、玉ねぎの薄切りをじっくり炒め、シュークルート、白ワイン、ひたひたの水（シュークルートの瓶を洗う）を加える。強火にして沸騰させてあくをすくい、コンソメ、タイム、ローリエを加え、ふたをして弱火で30分煮込む。

2 鶏もも肉はペーパータオルで水分をふき取り、しっかりめに塩、こしょうをする。フライパンに油大さじ1をひいて熱し、鶏肉にさっと焼き色をつけ、**1**の鍋に加えて、さらに15分煮込む。

3 じゃがいも、にんじんはそれぞれ皮つきのままラップでくるむ。じゃがいも4個につき600Wの電子レンジで10〜12分加熱（途中上下を返す）する。にんじん2本につき同様に6〜8分加熱する。粗熱が取れるまでしばらくおいてから、皮をむく。

4 仕上げにソーセージ、1cm幅に切ったベーコンを加えて5分煮る（写真**a**）。

5 皿にシュークルートを盛りつけ、じゃがいも、にんじんを添える。

a

豚バラ肉と白いんげんのトマト煮

Haricot blanc à la tomate et poitrine de porc

フランス・ラングドック地方の郷土料理の一つにカスレがあります。深い土鍋で白いんげん豆と豚肉をぐつぐつ煮込み、鴨やラムなど町ごとに加える材料が少しずつ違いますが、濃厚なうまみが特徴です。もっと簡単に作れるように考えたレシピがこちら。よく煮込むと肉の脂と豆がとろけてきておいしいし、体がぽかぽか温まります。

材料

豚バラ肉塊　400〜500g
［塩　肉の0.8〜1%、こしょう　適量
玉ねぎ　1個
にんじん　1本
ベーコンブロック　100g
白いんげん豆の水煮缶（400g）　2缶
トマト缶　1缶
白ワイン　100mℓ
コンソメキューブ　1個
タイム（小枝）　2〜3本、ローリエ　1〜2枚
油　大さじ2〜3

1
鍋に油をひいて、弱火で玉ねぎとにんじんのみじん切り、ベーコンの角切り（写真）をじっくり炒める。

2
豚バラ肉は、ペーパータオルで水分をふき取り、四等分に切ってしっかりめに塩、こしょうをする。フライパンに油をひいて、強火で肉の表面に焼き色をつけるように焼いて取り出し、**1**に加える。フライパンの余分な油をふき取り、白ワインを加えて沸騰させ、うまみをこそげ落として、**1**の鍋に加える。

3
鍋にトマト缶、ひたひたの水（トマト缶に入れて洗う）を加え、沸騰させてあくをすくい、コンソメ、タイム、ローリエを加え、ふたをして弱火で1時間煮込む。

4
ふたを取って、ゆで汁をきった白いんげん豆を加えて、10〜20分なじむまで煮込み、必要なら煮つめる。味をみて足りなければ塩（分量外）で調える。

a

鶏肉のヴィネガー煮込み

Poulet au vinaigre

鶏肉は骨つきのもも肉がおすすめ。骨つきは煮くずれしにくく、うまみも濃厚だからです。なければ手羽元ともも肉を組み合わせてください。まず、鶏肉は皮目から焼きます。皮に焼き目がつくまで動かさずにじっくりと焼くのがこつ。この煮込みは白ワインと酢の酸味で、思いがけず軽い仕上がりになるのが特長です。付け合わせにフェットチーネとクレソンを添えると、華やかでごちそう感が出ます。

材料：作りやすい分量
骨つき鶏もも肉　4本
［塩　肉の0.8〜1%、こしょう　適量
　小麦粉　大さじ2
サラダ油　大さじ1
トマトペースト（スティック状）　2〜4本
生クリーム　50mℓ
酢、白ワイン　各50mℓ
コンソメキューブ　1個
タイム（小枝）　2〜3本、ローリエ　1〜2枚
生クリーム　50mℓ
付け合わせ
［フェットチーネ　93ページ参照、クレソン　適量

1 鶏もも肉はペーパータオルで水分をふき取り、しっかりめに塩、こしょうをし、小麦粉をまぶす。鍋に油をひいて熱し、鶏肉に焼き色がつくまで焼く。

2 トマトペーストを加え、酸味を飛ばすようによく炒め（a）、酢、白ワインを注いでうまみをこそげ落とす。ひたひたの水を加え、強火にして沸騰させてあくをすくい、コンソメ、タイム、ローリエを入れて（b）、ふたをして弱火で1時間煮込む。

3 煮上がる時間を計算して、フェットチーネをゆでる。

4 肉がやわらかくなったら、ふたを取って煮汁を煮つめ、生クリームを加える（c）。味をみて足りなければ塩（分量外）で調える。

5 フェットチーネとともに皿に盛りつけクレソンを添える。

a

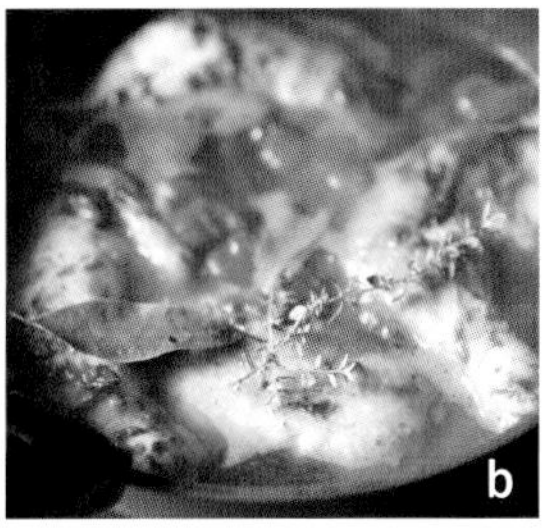
b

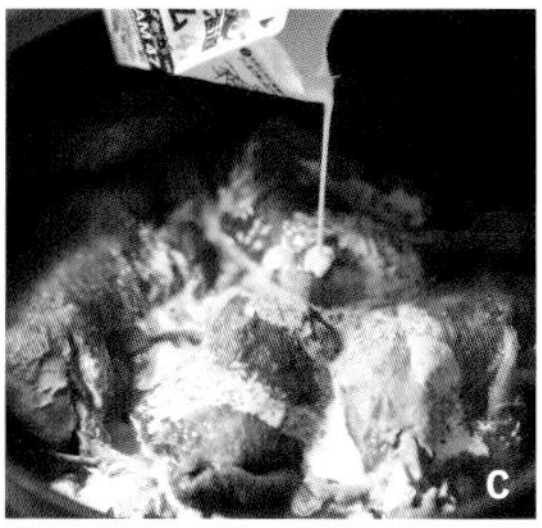
c

鶏肉のクスクス

Couscous au poulet

フランス人も大好きなクスクスはデュラム小麦で作る極小のパスタです。クスクスにおいしい煮汁を吸わせながら、色鮮やかな野菜や肉やソーセージなどを楽しみます。薬味はアリッサ。赤とうがらしとスパイス、塩、オリーブ油などで作るペーストで、煮汁に溶きながらいただきます。

材料：4人分
手羽元　8本
［塩　肉の0.8〜1%、こしょう　適量
玉ねぎ　1個、にんじん　2本
トマトペースト（スティック状）　4本
白ワイン　100㎖
コンソメキューブ　1個
タイム（小枝）　2〜3本、ローリエ　1〜2枚
ズッキーニ、なす　各2本
パプリカ（赤、黄）　各1個
かぶ　2個、オクラ　8本
ソーセージ（チョリソー）　8本
オリーブ油　大さじ2
クスクス（200g）　下記参照
アリッサ（市販品）　適量

1
鶏手羽元はペーパータオルで水分をふき取り、しっかりめに塩、こしょうをする。フライパンを熱してオリーブ油をひき、鶏肉に焼き色をつけるように表面を焼く。

2
1の鍋に大きめにカットした、にんじん、玉ねぎを加えて軽く油をなじませ、トマトペーストを加えて酸味を飛ばすように炒め、白ワインを入れてうまみをこそげ落とす。ひたひたの水を加えて沸騰させてあくをすくう。コンソメ、タイム、ローリエを加え、ふたをして弱火で30分煮込む。

3
煮込んでいる間にクスクスをもどす。

4
ズッキーニ、なすは、ところどころ縦に皮をむいて、2㎝幅の輪切りにする。パプリカは縦八等分に、かぶは四等分に切り、オクラはへたを切り落とす。**2**のにんじんがやわらかくなったら、これらの野菜を加えてふたをし、さらに15〜20分煮る。途中、煮汁が煮つまったら、ひたひたになるまで水を足す。

5
ふたを取り、ソーセージを加えて5分煮込み、味をみて足りなければ、塩、こしょう（各分量外）で調える。皿にもどしたクスクスとともに盛りつけ、アリッサを添える。

クスクス

クスクスは同量のお湯でもどします。ボウルにクスクスを入れ、量りにのせてお湯を注ぎ（a）、30分ほどおいてやわらかくなったら、指先でほぐします。

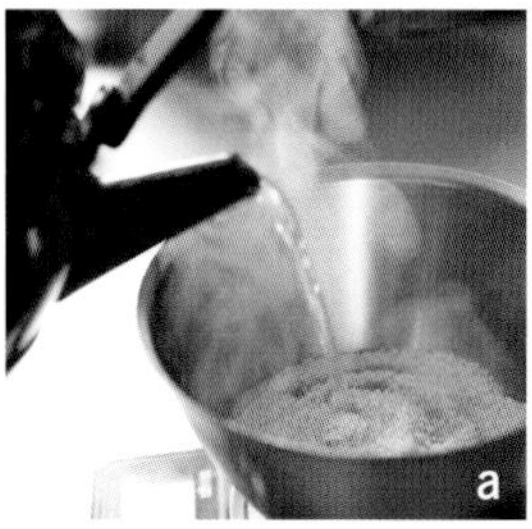
a

b

Pot-au-feu

ポトフ

いちばんオーソドックスなポトフをご紹介します。ポトフは材料を丸ごと煮ますが、そうするのはすごくやわらかく煮えるのに、煮くずれしにくいからです。ポトフのような煮込み料理は作る人も楽だし、ごらんのようにテーブルにどんと出せば、それぞれが好みのものを自由に取り分けられます。子どもからお年寄りまでみんなが同じものを食べて「おいしいね」と笑顔になれるところがいいなと思います。

材料：4人分
牛すね肉　400g
［塩　肉の0.8〜1%、こしょう　適量
にんじん　2本、玉ねぎ　2個
キャベツ　½個
かぶ　2〜4個
ベーコンブロック　100g
ソーセージ　8本
コンソメキューブ　1個
タイム（小枝）　2〜3本、ローリエ　1〜2枚
塩、こしょう、マスタード　各適量

1 牛肉はペーパータオルで水分をふき取り、大きめにカットして、しっかりめに塩、こしょうをする。
2 **1**を鍋に入れ、たっぷりの水を注いで強火にかけ、沸騰させる。あくをすくい、コンソメ、にんじん、玉ねぎ、二等分に切ったキャベツ、タイム、ローリエを加え（写真）、ふたをして弱火で1時間煮る。
3 **2**にかぶを加えて5分ほど煮て、ソーセージ、1cm幅に切ったベーコンを加えて、さらに5分ほど煮る。
4 味をみて足りなければ塩、こしょうで調え、スープはスープ皿に、具は皿に盛りつける。マスタードを添えていただく。

p. 38

ポトフのアレンジ

スープや具の残り具合で毎回違うものができるのがアレンジ料理のよさ。紹介する2品のほかに、残りすべてをフードプロセッサーにかけ、ポタージュにするのも定番です。

ミネストローネ風スープ

ポトフの具は細かく切って別の鍋に入れ、そこにポトフのスープも加えます。水を足してスープの量を調節し、火にかけます。刻んだフレッシュトマト、コンソメキューブを入れ、ゆでた好みのパスタを加えて煮ます。塩、こしょうで味を調え、スープ皿によそい、好みでパセリ、粉チーズを散らしてでき上がり。

アッシェパルマンティエ

ポトフで作る定番のグラタンです。ポトフの肉類を粗くほぐして、バターをぬったグラタン皿に並べ、野菜も手でつぶしながらのせます。上にじゃがいものピュレをたっぷりと敷きつめ、好みのシュレッダーチーズを散らします。量にもよりますが、230℃のオーブンで15〜20分ほど焼いて、チーズにいい焼き色がついたらOK。

p. 14
牛肉の赤ワイン煮込みのアレンジ

9ページのオフィスのランチのようにそのままでもおいしいですが、アレンジすると残り物とは一線を画すおいしさです。ほかの煮込み料理でも試してみてください。

グラタン

煮込み料理を鍋に移して火にかけ、水分が足りなければ足し、沸騰したらゆでたショートパスタを加えてよく混ぜ、味をみて足りなければ塩、こしょうで味を調えます。グラタン皿に移し、上にホワイトソースをかけ、シュレッダーチーズをたっぷりのせます。量にもよりますが、２３０℃のオーブンで15〜20分ほど焼いて仕上げます。

パイ包み焼き

市販の冷凍パイシートはバターで作られているタイプがおいしいです。パイシートは1枚を半分に切り、煮込みの牛肉とあればにんじんグラッセを手でつぶして手前半分にのせます。パイシートを折り返し、周囲をフォークでしっかり押さえたら、表面に卵黄かマヨネーズをぬります。２００℃のオーブンで10分ほど焼きます。ふくらんでいい焼き色がついたら完成！

牛肉のビール煮

Carbonade flamande

黒ビールを使って煮込みを作ってみませんか。ビールによって肉がやわらかく煮え、独特の風味が生まれます。なければふつうのビールでかまいません。シンプルな煮込みなので、うまみを出すのはあめ色に炒めた玉ねぎ。また最後に加えるマスタードが全体をまろやかにまとめてくれます。残りがちなマスタードを煮込み料理のかくし味に使いましょう。

a

b

c

材料：作りやすい分量

牛すね肉　600g
- 塩　肉の0.8〜1%、こしょう　適量
- 小麦粉　大さじ2

玉ねぎ　2個
サラダ油　大さじ2
黒ビール（またはビール）　1本
コンソメキューブ　1個
タイム（小枝）　2〜3本、ローリエ　1〜2枚
マスタード　大さじ1
付け合わせ
- じゃがいものピュレ　92ページ参照

1 鍋に油大さじ1をひいて、玉ねぎの薄切りを加え、弱火であめ色になるまでじっくり炒める（a）。

2 牛肉はペーパータオルで水分をしっかりとふき、大きめの一口大に切って、しっかりめに塩、こしょうをし、小麦粉をまぶす。フライパンに油大さじ1をひいて強火にかけ、肉に焼き色をつけるように焼いて、**1**の鍋に入れる。

3 **2**のフライパンにビールを注ぎ、うまみをこそげ落として鍋に入れ（b）、ひたひたの水を加えて強火にかける。沸騰させてあくをすくい、コンソメ、タイム、ローリエを入れて、ふたをして弱火で1時間煮込む。

4 煮込んでいる間にじゃがいものピュレを作る。

5 ふたを取り、煮汁を煮つめてマスタードを加え（c）、味を調える。

6 皿によそい、じゃがいものピュレを添える。

鶏肉のクリーム煮

Blanquette de poulet

14ページの牛肉の赤ワイン煮込みと同じテクニックで、あとから肉と香味野菜に分け、野菜をざるでこします。それが手間なら食べやすく切って加えて、こさずにそのまま召し上がってもいいのです。ポイントは煮汁にうまみが出るまで煮つめること。煮つめ足りないと生クリームを加えてもまとまりません。

材料：作りやすい分量

骨つき鶏もも肉　4本

- 塩　肉の0.8〜1%、こしょう　適量
- 小麦粉　大さじ2

サラダ油　大さじ2

白ワイン　100mℓ

香味野菜

- 玉ねぎ　1個、にんじん　1本、
- セロリの葉　2〜3本、にんにく　1個

コンソメキューブ　1個

タイム（小枝）　2〜3本、ローリエ　1〜2枚

生クリーム　50〜100mℓ

付け合わせ

- マッシュルームソテー　93ページ参照
- にんじんグラッセ　93ページ参照
- いんげん（へたをとってゆでる）　適量
- バターライス　93ページ参照

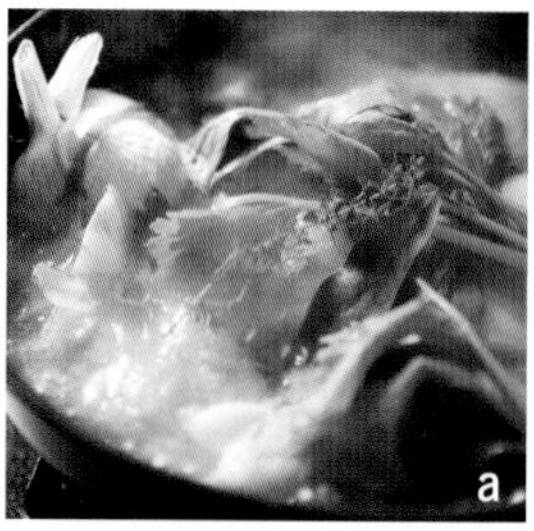

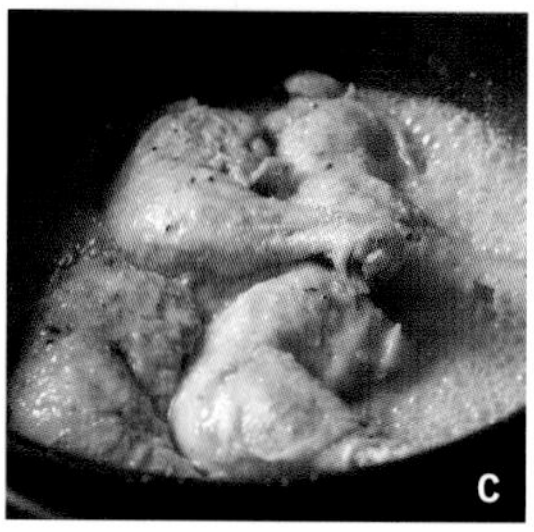

1 鶏肉はペーパータオルで水分をふき取り、しっかりめに塩、こしょうをし、小麦粉をまぶす。鍋に油をひいて、強火で鶏肉の表面に焼き色がつくまで焼く。

2 **1**にざく切りの香味野菜を入れて、油がまわるまで炒める（いったん鶏肉を取り出して炒めてもいい）。

3 **2**に白ワインを加えてうまみをこそげ落とし、ひたひたの水を加えて強火にし、沸騰させてあくをすくう。コンソメ、タイム、ローリエを入れて（a）、ふたをして弱火で1時間煮込む。

4 肉がやわらかくなったらふたを取り、肉を取り出してとろみがつくまでしっかり煮汁を煮つめ、ボウルで受けたざるにあける。香味野菜をざるでこして（b）、鍋に加える。

5 肉とボウルの煮汁を鍋に戻し入れて煮立たせ（c）、生クリームを加えて味を調える。

6 バターライスと付け合わせの野菜とともに皿に盛りつける。

豚肉のフリカッセ

Fricassée de porc

フリカッセとは、乳製品を使った白い煮込みのこと。肉がやわらかく煮えたら、とろみをつけるために、小麦粉とバターで〝ブールマニエ〟を作って加えます。手で混ぜるとバターが溶けて小麦粉と混じり合うのがよくわかります。そう、手はいちばんいい道具です。手に限らず、いわゆる五感（触覚、視覚、聴覚、味覚、嗅覚）を大事に料理をしたいです。

a

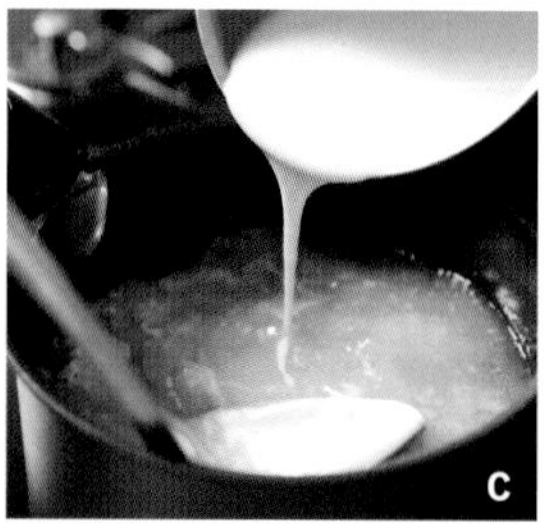
c

b

材料：作りやすい分量

豚肩ロースの塊肉　600g

［塩　肉の0.8〜1%、こしょう　適量

香味野菜

- 玉ねぎ　1個
- にんじんの皮　1本分
- セロリ　½本
- にんにく　½個

コンソメキューブ　2個

タイム（小枝）　2〜3本、ローリエ　1〜2枚

ブールマニエ

　小麦粉、バター　各25g

生クリーム　50〜100㎖

付け合わせ

［ゆで野菜（にんじん　1本、かぶ　4個、ブロッコリー　½株、いんげん　12本）

1 豚肉はペーパータオルで水分をふき取り、大きめに切って、塩、こしょうをしっかりめにし、鍋に入れてかぶるくらいのお湯を入れ、強火にかけて沸騰させる。あくをすくい、ざく切りの香味野菜、コンソメ、タイム、ローリエを加えてふたをし、弱火で1時間煮る。

2 フライパンに湯を沸かし、にんじんの輪切りを入れ、火が通り始めたら、食べやすく切ったかぶ、ブロッコリー、いんげんを順に加えてゆで、ざるに上げて水気をきる。

3 肉がやわらかくなったらふたを取り、香味野菜を取り除く。小麦粉、バターをボウルに入れ、手で練ってブールマニエを作り、煮汁を加え（a）、泡立て器で混ぜて（b）、鍋に少しずつ加え（c）、様子を見ながらとろみをつける。生クリームを加え、味をみて足りなければ塩、こしょう（各分量外）で調える。

4 ゆでた野菜とともに皿に盛りつける。

Poulet au lait de coco

鶏肉のココナッツミルク煮込み

乳製品に代わって、トロピカルな風味のココナッツミルクで煮込みます。カレー粉も加えてほんのりスパイシーに仕上げました。付け合わせはさらりとしたバスマティライスを。

材料：4〜5人分
鶏もも肉　2〜3枚
┌塩　肉の0.8〜1%、
│　こしょう　適量
│カレー粉　大さじ1〜2、
└　小麦粉　大さじ2
オリーブ油　大さじ2
にんにく　1かけ、玉ねぎ　1個
ココナッツミルク（400g）　1缶
コンソメキューブ　1個
タイム（小枝）　2〜3本、ローリエ　1〜2枚
ピーマン　3〜4個
なす　2本
パプリカ（赤、黄）　各1個
付け合わせ
［バスマティライス　93ページ参照

1 鶏肉はペーパータオルで水分をふき取り、大きめの一口大に切って、しっかりめに塩、こしょうをし、カレー粉、小麦粉を順にまぶす。

2 鍋にオリーブ油をひいて、強火で**1**の鶏肉を皮目から焼き色がつくように焼き、みじん切りのにんにく、くし形に切った玉ねぎを加えて炒め、ココナッツミルク、ひたひたの水（缶に入れて洗う）を入れる。沸騰させてあくをすくい、コンソメ、タイム、ローリエを加え、ふたをして弱火で30分煮込む。細切りのピーマン、輪切りのなす、縦六〜八等分に切ったパプリカを加えて20分煮る。

3 時間をみてバスマティライスをゆでておく。

4 **2**の味をみて足りなければ塩、こしょう（各分量外）で調え、皿にバスマティライスとともに盛りつける。

Saucisse aux haricots

ソーセージとミックスビーンズの煮込み

きょうは買い物に出たくないと思ったら、常備品で作れる煮込みはいかがですか。豆はミックスビーンズに限りません。ガルバンゾーやキドニービーンズなど1種類でも。

1
鍋にオリーブ油をひいて、角切りの玉ねぎ、にんじん、ベーコンを入れ、弱火でじっくり炒める。カレー粉、小麦粉を順に加えて、香りが出るまでよく炒め、ミックスビーンズ、ひたひたの水を入れる。沸騰させてあくをすくい、コンソメ、タイム、ローリエを加え、ふたをして弱火で30分煮る。

2
ソーセージを加えて5分煮て、生クリームを加え、味をみて足りなければ、塩、こしょう（各分量外）で調える。皿に盛りつけ、みじん切りのパセリ（分量外）を散らす。

材料：作りやすい分量
太めのソーセージ　8本
玉ねぎ　1個
にんじん　1本
ベーコンブロック　100g
オリーブ油　大さじ2
カレー粉　大さじ1〜2、
　小麦粉　大さじ1
ミックスビーンズの水煮
　（レトルトタイプ・230g）　2パック
コンソメキューブ　1個
タイム（小枝）　2〜3本、
　ローリエ　1〜2枚
生クリーム　50mℓ

シューファルシ

Chou farci

いわゆるロールキャベツです。大きなシューファルシをお目にかける理由は、作るのが楽でおいしいからです。作り方のポイントは二つ。一つめはひき肉を混ぜるときは、しっかりと体重をかけながら、肉の繊維が糸を引くまでよく練ること。二つめは肉だんごの上からキャベツの葉をかぶせるようにして包むことです。

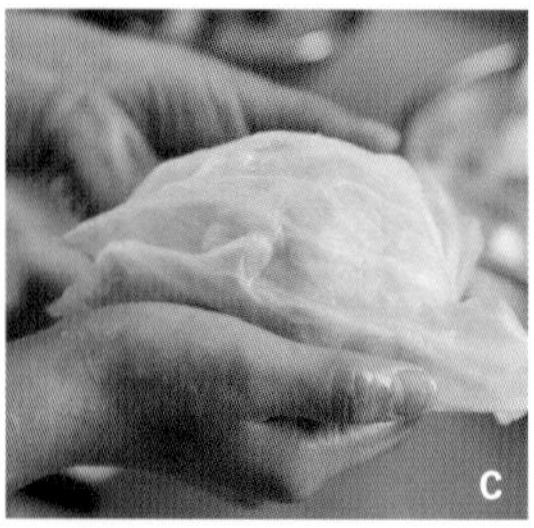

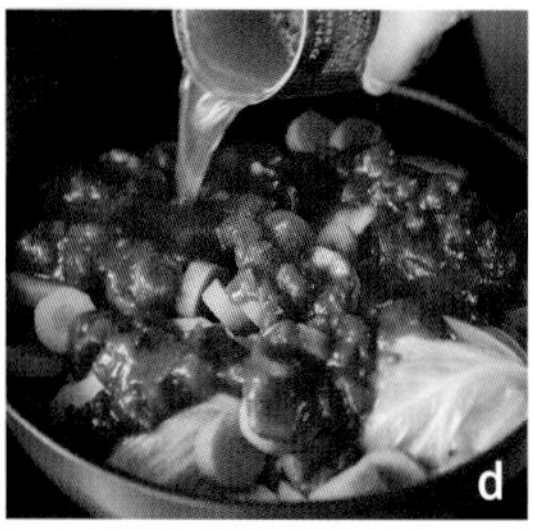

材料：4人分
合いびき肉　400〜500g
［塩　肉の1%、こしょう　適量
玉ねぎ（みじん切り）　½個分
食パン　1枚（またはパン粉　70g）
牛乳　50mℓ
卵　1個
キャベツ　8枚
にんじん（細）　3〜4本
トマト缶　1缶
コンソメキューブ　1個
タイム（小枝）　2〜3本、
　ローリエ　1〜2枚
塩、こしょう　各適量

1 キャベツはたっぷりのお湯でさっとゆでる。玉ねぎはみじん切りにし、ラップに包んで電子レンジで2分加熱して、冷ましておく。

2 ボウルに食パンをちぎり入れ、牛乳、卵を入れてよくもみ、合いびき肉、**1**の玉ねぎを加えて、塩、こしょうをして、体重をかけてよく練る。肉の繊維が糸を引くようになったら（a）、四等分にしてボール状に丸める（b）。

3 **1**のキャベツの芯は取って**2**の肉だねの上からかぶせ（c）、軽く包んでとじ目を下にして鍋に入れ、にんじんの輪切り、トマト缶、ひたひたの水（トマト缶に入れて洗う）を入れる（d）。沸騰したらあくをすくい、コンソメ、タイム、ローリエを入れ、ふたをして弱火で1時間煮込む。

4 ふたを取り、味をみて足りなければ塩、こしょうで調え、皿に盛りつける。

ブイヤベース

Bouillabaisse

マルセイユ名物の魚介の煮込みです。鍋で貝類、いかやえび、魚を順に煮て、取り出しては大皿に盛り込み、スープと魚介を別々に楽しむのが醍醐味。どちらにもルイユ（rouille・錆《さび》の意味）と呼ぶサフラン入りのソースを添えていただきます。ふだんの日なら魚介は手に入る数種類でいいですし、下ごしらえは鮮魚売り場の人に頼めば楽です。

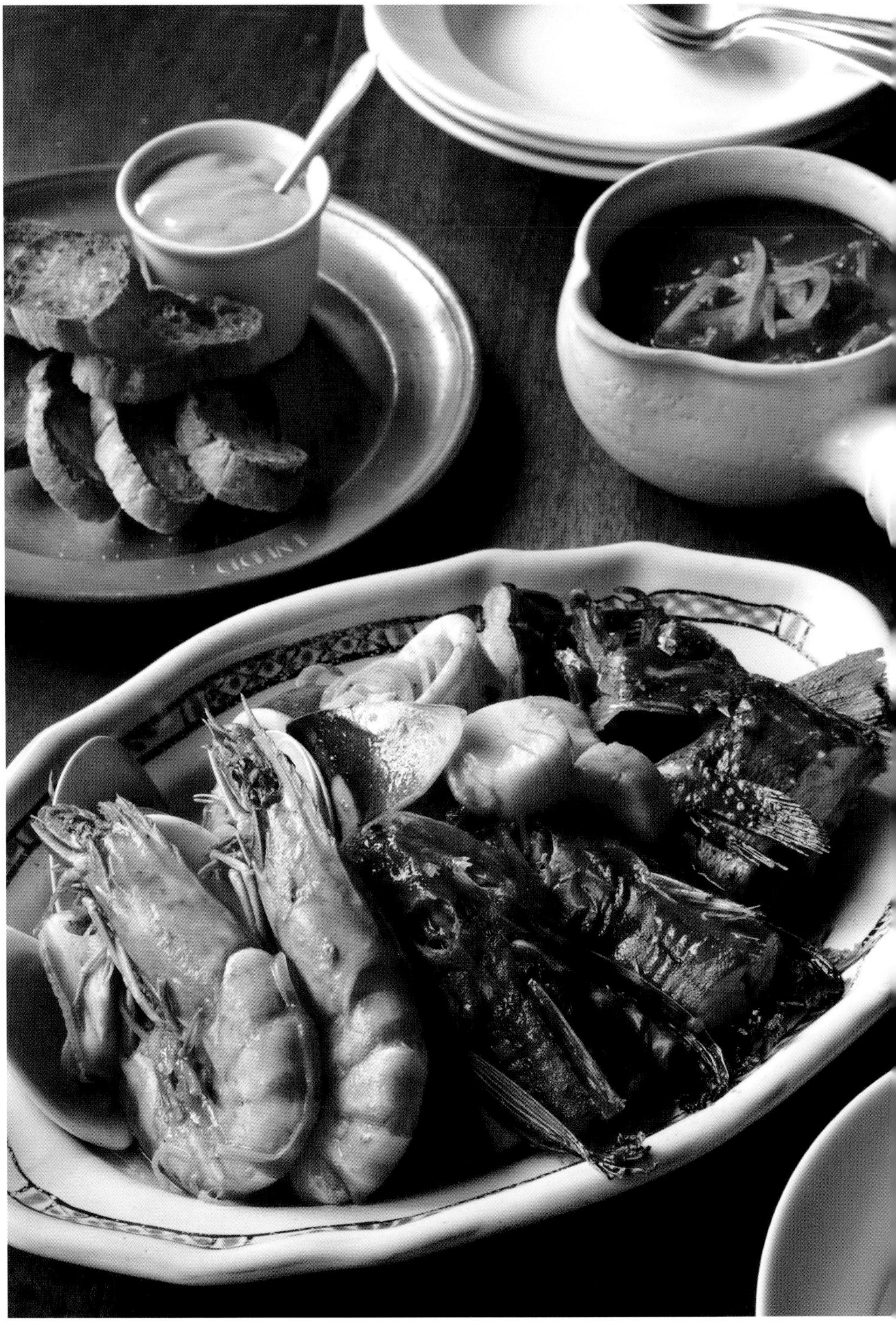

材料：作りやすい分量
魚貝　4〜6種類
（ほうぼう、めばる、蛤、
いか、帆立貝柱、えび）
塩、こしょう　各適量
玉ねぎ　1個、にんじん　1本、
セロリ　1本、にんにく　1個
オリーブ油　大さじ2
塩　ひとつまみ
白ワイン　100mℓ
タイム（小枝）　2〜3本、
ローリエ　1〜2枚
トマト缶　1缶
コンソメキューブ　1個
塩、こしょう　各適量
ルイユ　下記参照
付け合わせ
バゲット（スライスして
トーストする）　適量

ルイユ

サフランやとうがらしの色から錆のようだからと命名されたとか。作り方は、ボウルにサフラン10本、にんにくのすりおろし½かけ分、卵黄1個、塩ひとつまみ、粉チーズ大さじ1、こしょうを入れて（a）混ぜ、オリーブ油1カップ分を少しずつ加えながら泡立て器で混ぜ（b）、乳化させます。好みでカイエンペッパーなどを加えても。

a

b

c

1 魚はうろことはらわたを取って洗い、大きく切って、水気をふく。いかはわたを取って洗い、食べやすく切る。えびは背わたを抜く。それぞれ塩、こしょうをふる。

2 玉ねぎ、にんじん、セロリは細切りにする。にんにくはみじん切りにする。鍋にオリーブ油をひいて、野菜すべてと塩ひとつまみを入れ、弱火でじっくり炒める(a)。しんなりしたら、蛤を入れ、白ワイン、タイム、ローリエを加え、ふたをする。貝の口が開いたらふたを取り、大皿に取り出し、乾かないようラップをかける。

3 **2**にトマト缶、水2カップ、タイム、ローリエ、コンソメを加えて沸騰させ、塩、こしょうをし、えび、いか、帆立を入れ(b)、あくをすくい、さっと火を通して大皿に取り出し、ラップをかける。

4 めばる、ほうぼうなどの魚を入れて火を通し(c)、大皿に取り出してラップをかける。あくをすくい、最後に味を調え、火が通った魚介を鍋に戻して温め直す。

5 皿にスープをよそい、バゲットのトーストとルイユを添えていただく。温めた魚介類は大皿に盛り直し、ルイユを添えていただく。

たこのギリシャ風煮込み

Poulpe à la grecque

たこを塊のままダイナミックに煮込みます。とはいえ、作り方は簡単で仕込むのはあっという間。たこは煮込めば煮込むほど、やわらかくいただけます。

材料：作りやすい分量

ゆでだこ　2〜3パック
［塩　たこの0.8〜1%、こしょう　適量
玉ねぎ　½個、にんじん　1本、
　セロリ　1本、にんにく　2かけ
［オリーブ油　大さじ2
　塩　ひとつまみ
トマト缶　1缶
白ワイン　50mℓ
コンソメキューブ　1個
タイム（小枝）　2〜3本、ローリエ　1〜2枚
黒オリーブ　20粒

1
たこは塩、こしょうをふっておく。玉ねぎ、にんじん、セロリ、にんにくはみじん切りにする。

2
鍋にオリーブ油をひいて、**1**の野菜と塩ひとつまみを加え、弱火でじっくりと炒める。しんなりしてきたら、**1**のたこ、トマト缶、ひたひたの水（トマト缶に入れて洗う）、白ワイン、コンソメ、タイム、ローリエを加え、沸騰させてあくをすくい、ふたをして弱火で1時間煮る。

3
たこがやわらかくなったら、オリーブを加えて軽く煮て、味をみて足りなければ、塩、こしょう（各分量外）で調え、皿に盛る。

いかの墨煮

Calamars à l'encre

スパゲッティでおなじみの、いか墨。パウチ状になった紋甲いかの墨ペーストがネットでも購入できますので、おうちでも気軽にいかの墨煮が楽しめます。いかはボイルしたものを使ってもいいです。

いか墨ペーストは、1人分1パウチが目安。お好みで調節を。

1 いかは足を引いて、胴からわたを取り出し、洗って水分をふく。胴は皮をむいて2～3㎝幅に切り、足は吸盤を取って食べやすく切り、それぞれ塩、こしょうをふる。

2 鍋にオリーブ油をひいて、玉ねぎとにんにくのみじん切りと、塩ひとつまみを加えて、弱火でじっくりと炒める。しんなりしてきたら、いかを加えて、さっと炒める。

3 **2**にトマト缶、ひたひたの水（トマト缶に入れて洗う）、いか墨ペースト、白ワイン、コンソメを入れて、強火で沸騰させてあくをすくい、ふたをして弱火で20～30分煮込む。

4 バターライスとともに盛る。

材料：作りやすい分量

生いか　3～4はい

［塩　いかの0.8～1%、こしょう　適量

玉ねぎ　1個、にんにく　2かけ

［オリーブ油　大さじ2、塩　ひとつまみ

いか墨ペースト（1パウチ4g入り）3～4パック

トマト缶　1缶

白ワイン　100㎖

コンソメキューブ　1個

付け合わせ

［バターライス　93ページ参照

フライパンで煮る

すぐ火が入るもの、やわらかいものなど、水分の少ない煮込みの場合は口径24㎝のフライパンでさっと作ります。口が広いと煮くずれしにくく、きれいに仕上がります。材料を仕込んだら、強火でしっかり沸かしてから弱火にしてふたをするのは、鍋で煮るときと一緒です。ただし、わりと煮込む時間は短めですみます。肉でも30分、魚介なら20分ほどです。

豚肉のシャルキュティエール風

Côtes de porc charcutière

材料：4人分
豚肩ロースの厚切り肉　4枚
塩　肉の0.8〜1%、
こしょう　適量
サラダ油　大さじ2
玉ねぎ（みじん切り）　1個
トマトペースト（スティック状）　3〜4本
白ワイン　100mℓ
タイム（小枝）　2〜3本、
ローリエ　1〜2枚
コルニッション（縦薄切り）　10本
マスタード　大さじ1
パセリ（みじん切り）　大さじ2

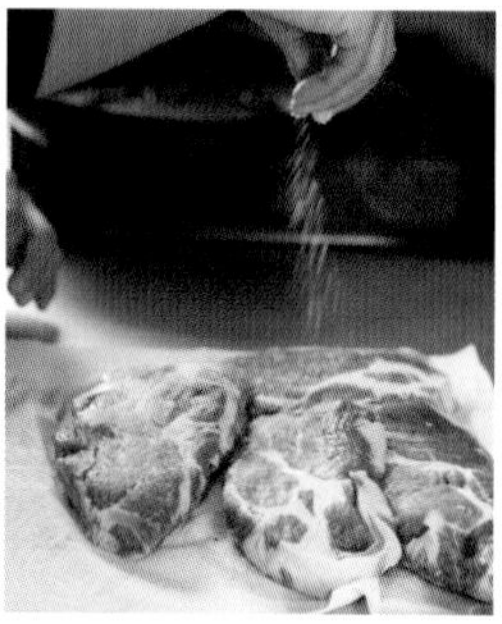

1 豚肉はペーパータオルで水分をふき取り、しっかりめに塩、こしょうをする。

2 フライパンにサラダ油をひいて強火にかけ、**1** の豚肉を入れて焼く。肉はしばらく動かさず、フライパンの位置を変えながら、均等に焼き色をつける。裏側も同様に焼き、取り出す。

3 **2** のフライパンに玉ねぎを入れてじっくり炒め、なければ油を足し、トマトペーストを入れて軽く炒めて酸味を飛ばす。

4 **3** に白ワインを加えてうまみをこそげ落とす。

5 肉を戻し、タイム、ローリエを加えて、沸騰させてあくをすくい、ふたをして弱火で10分煮る。

6 肉に火が通ったら取り出して、アルミホイルにしっかり包んで保温する。

7 **5** にコルニッションを加えて軽く煮て、マスタードを加える。味をみて、足りなければ塩、こしょう（各分量外）で調える。パセリを加えて混ぜ、器に保温しておいた豚肉をのせ、ソースをかける。

シャルキュティエールとはフランス語で豚肉屋という意味。豚肉の加工品、パテやハム、ソーセージを扱うお店をシャルキュトリといいますが、もともとは豚肉屋のことを指したのだとか。だからとはいいませんが、焼き方にはこだわりたいです。それは、フライパンに豚肉を入れたら、しばらく動かさずに、たまに浮いているところを菜箸で押さえながらしっかり焼くこと。また、フライパンの位置によって火の当たりが違うので、ときどきコンロの上で回して位置を変えると、肉そのものを動かさなくても均等に焼けます。この料理に欠かせないのは小さなきゅうりのピクルス、コルニッションの酸味です。ぜひ、お試しください。

ミートボールのトマト煮

Boulettes de Viande à la Sauce Tomate

ふんわりとしてどこか懐かしいトマト味のミートボール。ポイントはミートボールの表面を強火でしっかり焼くこと。そうすれば煮くずれしませんし、ソースがよくからみます。ほうれん草のバターソテーを添えれば一品でもテーブルの主役になります。9ページではお弁当のおかずにしたように、応用も自在の煮込みです。

材料：作りやすい分量
合いびき肉　500g
玉ねぎ　½個、食パン　1枚、
　卵　1個、牛乳　50mℓ
［塩　肉の0.8〜1%、こしょう　適量
オリーブ油　大さじ3〜4
玉ねぎ　½個
　塩　ひとつまみ
オリーブ油　大さじ2
マッシュルーム　2パック
白ワイン　100mℓ
トマト缶　1缶
コンソメキューブ　1個
タイム（小枝）　2〜3本、ローリエ　1〜2枚
トマトケチャップ　大さじ3
付け合わせ
［ほうれん草のバターソテー　92ページ参照

b

c

a

1
合いびき肉に加える玉ねぎをみじん切りにしてラップに包み、600Wの電子レンジで2分加熱して火を通す。そのまま冷ましておく。

2
ボウルに食パンをちぎり入れ、卵、牛乳を加えてよくほぐし、ひき肉、塩、こしょう、**1**の玉ねぎを加えてよく練って、一口大に丸める。

3
別の鍋にオリーブ油大さじ2をひいてみじん切りの玉ねぎ、塩ひとつまみを加え、弱火にかけてじっくりと炒める。スライスしたマッシュルーム、白ワイン、トマト缶、コンソメ、タイム、ローリエを加え、強火にして沸騰させて火を止める。

4
2をオリーブ油大さじ3で揚げ焼きにして**3**に加え（**a**）、油をふき取り、空いたフライパンに水½カップを注いでうまみをこそげ落とし、煮込みに注ぐ（**b**）。鍋にふたをして弱火で20分煮込む。

5
煮込んでいる間にほうれん草のバターソテーを作る（**c**）。

6
4にトマトケチャップを加えて仕上げ、皿にほうれん草のバターソテーとともに盛りつける。

鶏むね肉ときのこのトマト煮

Poulet à la crème et aux champignons

鶏むね肉は使いやすい便利な食材ですが、おいしく焼くのにこつがあります。それは皮をきれいに伸ばしてから焼くことです。皮がきちんと焼けていれば、身のほうはそれほど焼かずにすむので、無用にかたくなりません。この煮込みはきのことプチトマトをたっぷり入れました。山盛りのきのこも煮込んでいるうちに、フライパンに収まるのでご安心を。添えのマカロニはお好みのものでOKです。

材料：作りやすい分量

鶏むね肉　大2枚

［塩　肉の0.8〜1%、こしょう　適量

オリーブ油　大さじ2

きのこ（しいたけ、しめじ、マッシュルーム、エリンギなど）　合計3〜4パック

玉ねぎ　1個

プチトマト　2パック

にんにく　2かけ

コンソメキューブ　1個

タイム（小枝）　2〜3本、ローリエ　1〜2枚

白ワイン　100mℓ

イタリアンパセリ　適量

付け合わせ

［コンキリオーニ（シェル型のマカロニ）　93ページ参照

1 むね肉はペーパータオルで水分をふき取り、皮を広げて伸ばす。しっかりめに塩、こしょうする。

2 フライパンにオリーブ油をひいて強火にかけ、鶏肉の皮目から入れる。焼き色がつくまでしっかり焼き（a）、2枚ともひっくり返したらすぐに大きく切ったり、ほぐしたりしたきのこをのせ、玉ねぎのみじん切り、プチトマト、半割りのにんにく、コンソメ、タイム、ローリエを加える。白ワインを入れて鍋肌についたうま味をこそげ落とし、水½カップを加えて沸かし、ふたをして弱火で30分煮る（b）。

3 煮込んでいる間に付け合わせのマカロニをゆでておく。

4 肉を取り出してアルミホイルに包み、粗熱が取れるまで休ませる。

＊こうすることでパサつきを抑える。

5 ソースの味をみて、塩、こしょう（各分量外）で調え、パセリの葉先を加える。

6 鶏肉をそぎ切りにして（c）、マカロニとともに皿に盛り、ソースをかける。

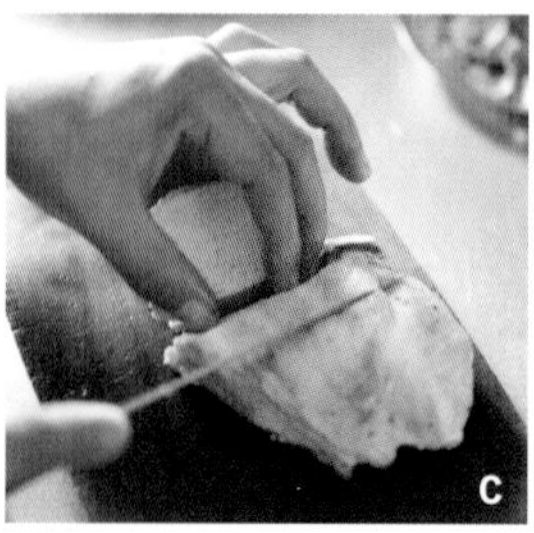
c

b

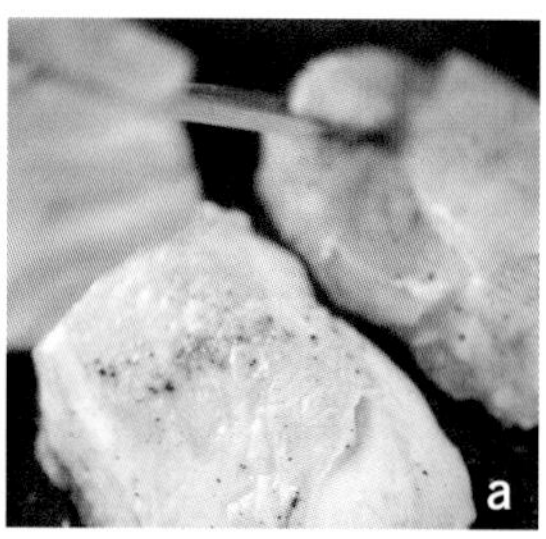
a

サーモンのレモンクリーム煮

Filets de Saumon à la crème au citron

国産はもちろんですが、海外のサーモンも身近な存在になりました。身の厚いさくを見つけたら、フライパンで煮てみませんか。サーモンを煮る時間は10分ほどで、ソースを煮つめている間は取り出して休ませ、煮すぎないことが肝心。こくが出る生クリームと香りよく酸味のあるレモンの組み合わせがサーモンにぴったりです。

材料：4人分
生鮭　大4切れ（2さく分）
［塩　魚の0.8〜1%、こしょう　適量
長ねぎ　3〜4本
［塩　ひとつまみ
　油　大さじ1〜2
白ワイン　100mℓ
生クリーム　100mℓ
レモン　½個
タイム（小枝）2〜3本、ローリエ　1〜2枚

1 フライパンに油をひき、斜め3cm幅に切った長ねぎと塩を加えて火にかけ、じっくりと炒める。しんなりしたら、しっかり塩、こしょうをしたサーモンをのせ（a）、白ワイン、水½カップを加えてタイム、ローリエ、レモンの輪切り2〜3枚をのせて沸騰させ、ふたをして弱火で10分煮る。

2 サーモンに火が通ったら取り出し、アルミホイルまたはラップをかぶせて休ませる。煮汁を軽く煮つめて生クリームを加え（b）、塩、こしょう（各分量外）で味を調え、残ったレモンを搾る。

3 皿に**2**のソースを流して、サーモンをのせる。

アレンジ●サーモンのスープ

サーモンはほぐしてソースと一緒に小鍋に入れ、ひたひたの水を注いで火にかけ、煮立ったら味をみて、コンソメ、塩、こしょうで味を調えます。器によそい、粗びき黒こしょうをふり、みじん切りのパセリを散らして召し上がれ。

シーフードカレー

Curry de fruits de mer

フライパンならさっと火を通したい魚介料理も一発でうまくいきます。口が広いので火の通りも早く、煮え加減もよくわかるからです。このシーフードカレーはとろみが少なくさらっと食べられるタイプ。かくし味は最後に加える生クリームとマスタードです。マスタードは塩気もあるので、最後によく味をみてください。フレンチ風にバスマティライスを添えてみましたが、お好きなご飯でどうぞ。

材料：作りやすい分量

いか　2はい、殻つきのえび　8尾、
帆立貝柱　8〜12個
塩　魚介の0.8〜1%、こしょう　適量
玉ねぎ　1個
- オリーブ油　大さじ2
- カレー粉　大さじ1〜2（好みで）
- コリアンダー（粉末）　大さじ1
- 小麦粉　大さじ1〜2（好みで）

白ワイン　50㎖
コンソメキューブ　1個
タイム（小枝）　2〜3本、ローリエ　1〜2枚
生クリーム　50㎖
マスタード　大さじ1
付け合わせ
［バスマティライス　93ページ参照

1 いかは足を引き抜いて、胴からわたを取り出し、洗って水気をふく。胴は皮をむいて2〜3㎝幅に切り、足は吸盤を取って、食べやすく切る。えびは背わたを抜く。いか、えび、帆立貝柱は水気をふく。それぞれ塩、こしょうをふる。

2 フライパンにオリーブ油をひいて、玉ねぎのスライスを入れ、弱火でじっくり炒める（a）。

3 **2**に、カレー粉、コリアンダーを加え（b）、軽く炒めて香りを出し、小麦粉を加える。炒めて油がなじんだら、**1**を加えて白ワイン、コンソメ、タイム、ローリエ、水1カップを入れ、ふたをしてさっと火を通す。

4 同時進行でお湯を沸かしておき、バスマティライスをゆでる。

5 **3**に生クリーム、マスタードを加え（c）、味をみて、足りなければ塩、こしょう（各分量外）で調える。バスマティライスとともに皿に盛りつける。

子どもたちのお気に入りは、夫ロマンがときどき作る焼きそばです

わが家は家事や子育てを夫のロマンと二人で行なっています。分担を決めているわけではなく、気がついたほうがするスタイルです。「家庭は二人で作っていくもの」という考えが、フランス人のロマンにしみついているようです。

料理は私が作ることが多いのですが、ロマンも作ります。

客観的に見ると私が作る料理のほうがおいしいと思うのですが、子どもたちは「パパのほうがおいしい」と、うれしそうに食べます。

なかでも、子どもが「パパ作って!」とせがむのが焼きそば。

ロマンが焼きそばを作り始めると、子どもたちは手伝いたがってそばに行きます。

ロマンがちょっとつまんで「お、今日もおいしい!」と顔をほころばせば同じようにつまみ、「ほら、できたよー」と楽しそうに持っていく姿を追いかけて、三々五々テーブルに着きます。

そんな光景を見ていると、料理のおいしさは味だけじゃないんだなあとつくづく思うのです。

作る人が気軽に楽しそうに料理していると、食べる人も気持ちが弾み、それがおいしさにつながるのではないでしょうか。

忙しい毎日を過ごしている人にこそ煮込み料理をおすすめしたいのは、そういう理由もあります。

煮込んでいる間、作り手だけが台所に張りついているのではなく、みんなそれぞれ何とはなしに好きなことをしながら煮込み上がるのを待ち、煮えたかなと鍋をのぞいては、でき上がりを心待ちにする。

煮込み上がれば、鍋ごとテーブルにどんと置いて、上手にできていなくても「ちょっとしょっぱくない?」「次は少しひかえようか」「煮込み過ぎた? 肉はどこ?」なんて言いながら食べるのも楽しいもの。

おいしい食事とは、作り込んだ料理や味がよい料理が並ぶテーブルではなく、おしゃべりしながら笑いながら食べる食卓だと思っています。

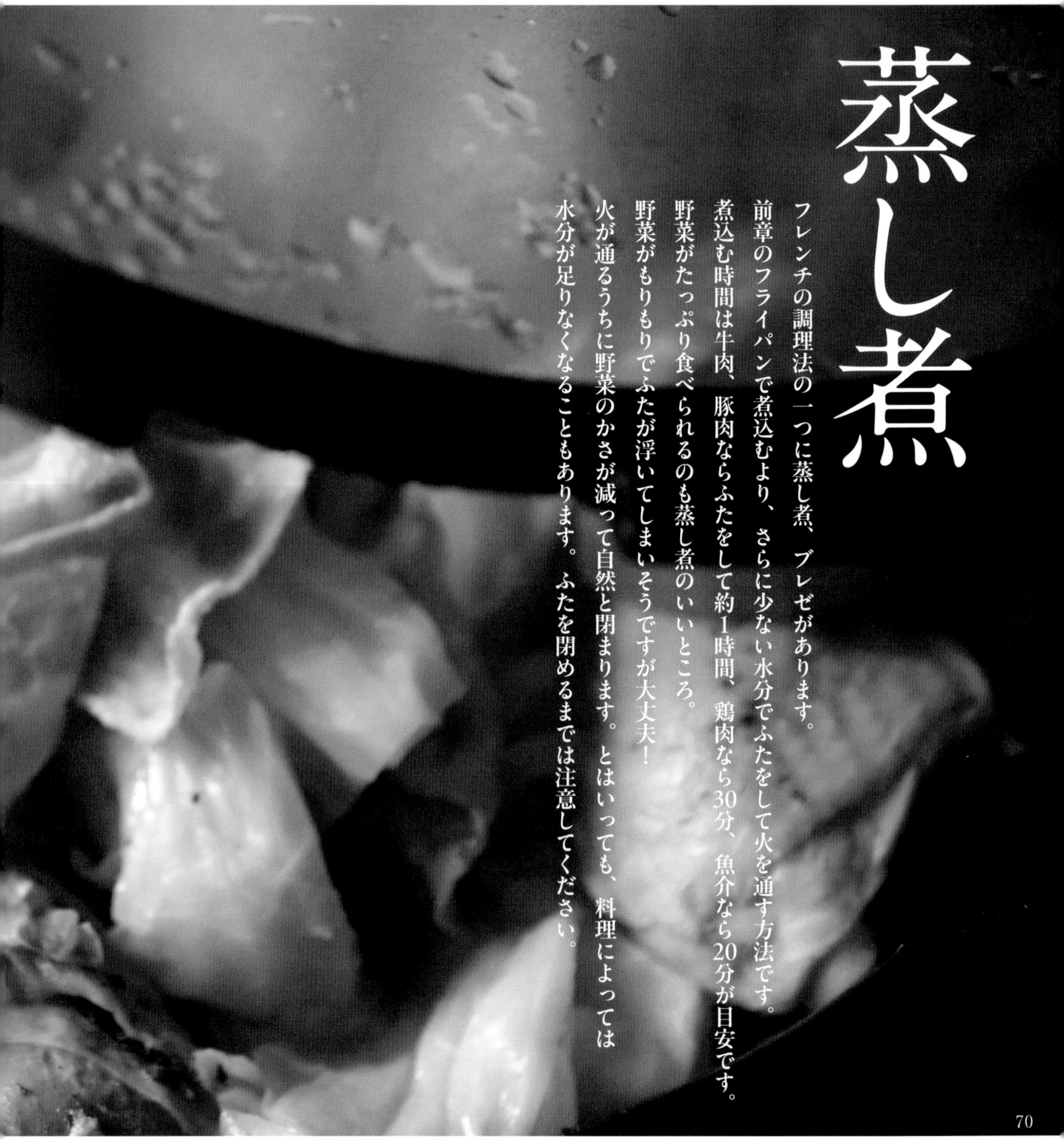

蒸し煮

フレンチの調理法の一つに蒸し煮、ブレゼがあります。

前章のフライパンで煮込むより、さらに少ない水分でふたをして火を通す方法です。

煮込む時間は牛肉、豚肉ならふたをして約1時間、鶏肉なら30分、魚介なら20分が目安です。

野菜がたっぷり食べられるのも蒸し煮のいいところ。

野菜がもりもりでふたが浮いてしまいそうですが大丈夫！

火が通るうちに野菜のかさが減って自然と閉まります。とはいっても、料理によっては
水分が足りなくなることもあります。ふたを閉めるまでは注意してください。

キャベツと骨つき鶏もも肉の煮込み

Cuisses de poulet au chou

こくの深い煮込みにするには、鶏肉をしっかり焼くこと。焼いてから煮込むとおいしさが断然違います。特に骨つき肉を使うとうまみが増すのでぜひ使いたいところですが、なければ、ふつうのもも肉に手羽元や手羽先などを半量加えてみてください。キャベツがおいしく煮えるので、半分から小1個ほども加えていいと思います。

材料：作りやすい分量
骨つき鶏もも肉　2〜3本
［塩　肉の0.8〜1%、こしょう　適量
ベーコンスライス　6〜8枚
サラダ油　大さじ2
キャベツ　½個
にんじん　2本
玉ねぎ　1個
白ワイン　100mℓ
コンソメキューブ　1個
タイム（小枝）　2〜3本、ローリエ　1〜2枚
付け合わせ
［蒸しじゃがいも　92ページ参照

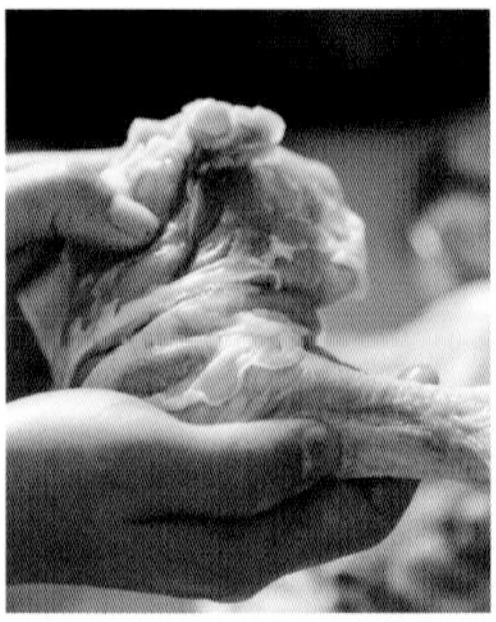

1 鶏もも肉は手で曲げて関節部分を確かめ、そこを半分に切る。ペーパータオルで水分をふき取り、しっかりめに塩、こしょうをする。

2 鍋に油をひいて火にかけ、ベーコンが色づくように炒めて、取り出す。同じ鍋に **1** の鶏肉を入れ、両面に焼き色をつけるように強火で焼く。

3 輪切りにしたにんじん、くし形切りの玉ねぎをのせる。

4 ざく切りのキャベツ、**2** のベーコンを重ねる。

5 白ワイン、水½カップを注ぎ、コンソメ、タイム、ローリエを加える。

6 沸騰しているのを確認して、ふたをして弱火で1時間煮込み、途中上下を返す。煮込んでいる間に、時間をみながら付け合わせの蒸しじゃがいもを作る。煮込み料理の味をみて、足りなければ塩、こしょう（分量外）で調え、器に盛り、じゃがいもを添える。

豚ロース肉のグランメール風

Côtes de porc façon grand-Mère

グランメールとはおばあさんの意味。豚肉、じゃがいも、にんじん、玉ねぎが入ったフランス版の肉じゃがともいえる料理です。皿に取り分けてナイフとフォークで肉を切りながらいただきますが、日本人の私たちもほっとする味だと思います。おいしく作るポイントはふたをする前に充分に沸騰させることです。また、豚肉はふつうのとんかつ用でいいのですが、ボリュームを出したいから厚切りにするとか、冷蔵庫にある肩ロース肉を使ってしまいたいなど、その日の状況に合わせて作ってください。もちろんこま切れ肉でもOKです。

材料：作りやすい分量

豚ロース　4枚
┌塩　肉の0.8〜1％
└こしょう　適量
サラダ油　大さじ2
じゃがいも　4〜5個
玉ねぎ　1個
にんじん　2本
厚切りベーコン　100g
白ワイン　200mℓ
コンソメキューブ　1個
タイム（小枝）　2〜3本、
　ローリエ　1〜2枚

1 じゃがいもは3cm厚さの輪切り、玉ねぎはくし形切り、にんじんは2cm幅の輪切り、ベーコンは2cm幅の棒状に切っておく。

2 豚肉はペーパータオルで水分をふき取り、しっかりめに塩、こしょうをする（**a**）。

3 鍋にサラダ油をひいて火にかけ、**2**の豚肉を入れて、肉が浮かないように菜箸で押さえてじっくり焼き（**b**）、焼き色がついたら裏返して両面を焼く（**c**）。白ワインを加えて、うまみをこそげ落とす。

4 鍋に**1**の材料を加えて、水1カップ、コンソメ、タイム、ローリエを加えて沸騰させ、ふたをして弱火で1時間煮込む。

5 味をみて、足りなければ塩、こしょう（分量外）で調え、皿に盛る。

a

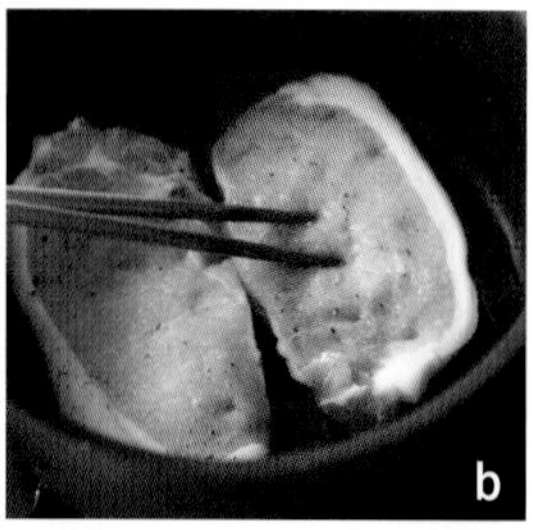
b

c

タジン

Tajine de poulet

タジンは鍋の名であり、料理名でもあります。モロッコなど水の少ない砂漠地帯で生まれた料理だから、その鍋は水分を逃さない円錐形やドーム形のふたつきが一般的です。でも、フライパンでも問題なく作れます。まず焦げにくい野菜を下に、クミンとコリアンダーをまぶした肉を上にのせ、水分を加えたら火にかけて煮るだけです。

肉の種類はお好みです。ここでは鶏肉ですが、ラムでも牛肉でもなんでもOK。また、フランス人は大のじゃがいも好き。ソースにパン、というよりソースをじゃがいもで食べるほどなので、この料理にも加えました。野菜はほかにパプリカ、オクラ、なすなども合いますが、いずれも水分が多い野菜なので入れる場合は少なめにしてください。

材料：作りやすい分量

鶏もも肉　2〜3枚

- 塩　肉の0.8〜1%、こしょう　適量
- クミンパウダー、コリアンダーパウダー　各小さじ1〜2

玉ねぎ　1個

じゃがいも　3個

オリーブ　12粒

レモン　1個

白ワイン　100mℓ

コンソメキューブ　1個

タイム（小枝）　2〜3本、ローリエ　1〜2枚

1 鶏もも肉はペーパータオルで水分をふき取り、大きな一口大に切って、しっかりめに塩、こしょうをし、クミン、コリアンダーをまぶす。

2 フライパンに玉ねぎのくし形切り、じゃがいもの厚切りを広げ、**1**の鶏肉、オリーブ、レモンの輪切りをのせる。白ワイン、水½カップ、コンソメ、タイム、ローリエを加えて沸騰させ、ふたをして弱火で30分煮る。

3 ふたを取り、味をみて塩、こしょう（各分量外）で調え、皿に盛る。

＊好みでパクチーを添えてもいい。

魚介の白ワイン蒸し

Fruits de mer au vin blanc

とてもシンプルな料理で、名前の通りの調理法です。白ワインで蒸し煮にするだけなので、あっという間に仕上がります。いかと帆立貝柱をたっぷり加えましたが、ムール貝やえび、白身魚なんでもいいです。手に入る新鮮なものでお試しください。

材料：作りやすい分量
いか　2はい
帆立貝柱　大8〜10粒
［塩　魚介の0.8〜1%、こしょう　適量
ブロッコリー　1株
カリフラワー　½株
白ワイン　100mℓ
コンソメキューブ　1個
タイム（小枝）　2〜3本、ローリエ　1〜2枚

1 いかは足を引き抜き、胴からわたを取り出す。きれいに洗って水分をしっかりふき取り、胴は皮をむいて3cm幅に切り、足は吸盤を取って食べやすく切る。帆立貝柱とともにしっかりめに塩、こしょうをしておく。

2 一口大に切ったブロッコリーとカリフラワーをフライパンに並べ、**1**を広げてのせる（a）。

3 白ワイン、コンソメ、水1カップ、タイム、ローリエを入れて沸騰させ、ふたをして弱火で20分煮込む。

4 ふたを取って（b）味をみて、足りなければ塩、こしょう（各分量外）で調え、皿に盛りつける。

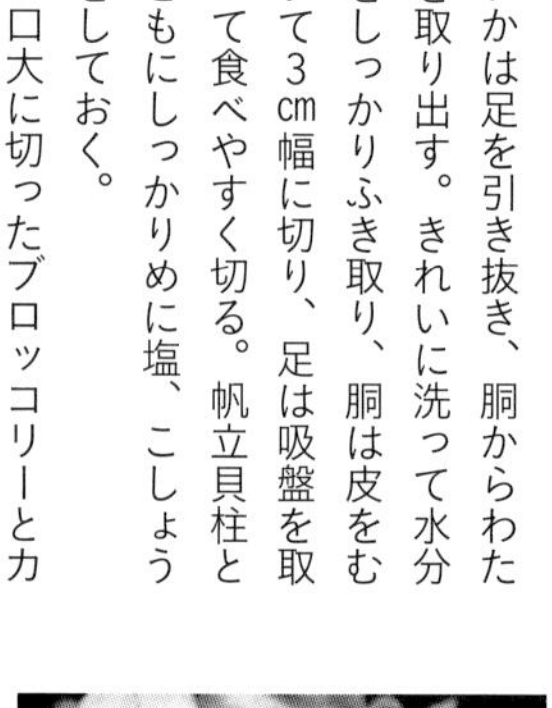

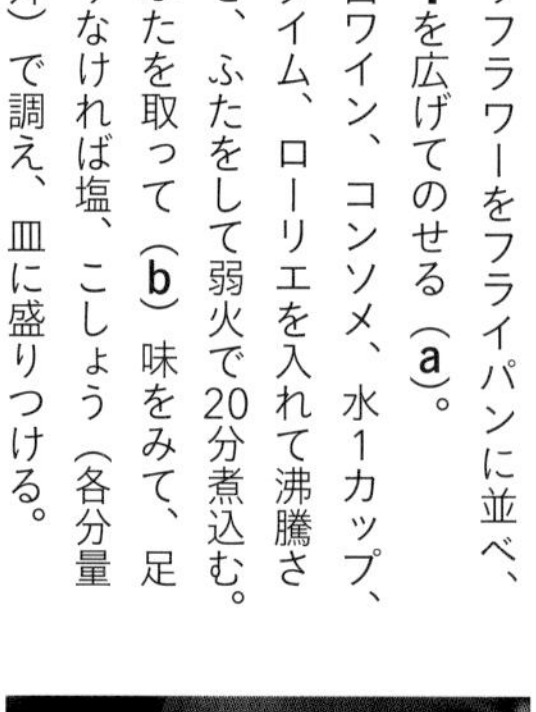

ブフオキャロット

Boeuf aux carottes

牛肉とにんじんのブレゼです。牛すね肉はしっかりと下味をつけて焼いてから蒸し煮にするのが基本です。加熱時間は1時間ほどですが、手間はほとんどかかりません。にんじんがたっぷりで栄養満点です。

材料：作りやすい分量

牛塊肉（すね肉など）　500〜600g
［塩　肉の0.8〜1%、こしょう　適量
サラダ油　大さじ2
玉ねぎ　1個
にんじん（細）　4本
白ワイン　100mℓ
コンソメキューブ　1個
タイム（小枝）　2〜3本、ローリエ　1〜2枚
付け合わせ
［じゃがいものピュレ　92ページ参照

1 牛肉はペーパータオルで水分をふき取り、大きめの一口大に切って、しっかりめに塩、こしょうする。

2 鍋に油をひいて強火にかけ、**1**の肉を入れて焼き色がつくように表面をじっくりと焼く。白ワインを入れてうまみをこそげ落とし、みじん切りの玉ねぎ、1cm幅の輪切りにしたにんじん、水1カップ、コンソメ、タイム、ローリエを加えて沸騰させ、ふたをして弱火で1時間煮る。

3 肉がやわらかくなったらふたを取り、味をみて足りなければ、塩、こしょう（各分量外）で調えて皿に盛り、じゃがいものピュレを添える。

Porc braisé aux légumes

豚こま切れ肉のブレゼ

仕込みは実に簡単ですが、加熱すること1時間で、しっとりとやわらかな豚肉の蒸し煮ができ上がります。添えは彩りのいい青野菜のバター煮です。

材料：作りやすい分量
豚こま切れ肉　500g
［塩　肉の0.8〜1%、こしょう　適量
にんじん　3〜4本
長ねぎ　5本
白ワイン　100mℓ
コンソメキューブ　1個
タイム（小枝）　2〜3本、ローリエ　1〜2枚
付け合わせ
［青野菜のバター煮　92ページ参照

1 豚肉はペーパータオルで水分をふき取り、しっかりめに塩、こしょうをする。にんじんは4〜5cm長さのくし形切りに、長ねぎは斜め4〜5cm長さに切る。

2 フライパンに**1**の野菜を入れて広げ、豚肉を均等にのせる。白ワイン、水½カップ、コンソメ、タイム、ローリエをのせて一度沸かし、ふたをして弱火で1時間煮る。

3 ふたを取って味をみて、足りなければ塩、こしょう（各分量外）で調え、皿に盛って、青野菜のバター煮をのせる。

Ratatouille

ラタトゥイユ2種類

一つの料理にも実はいろいろなレシピが存在します。材料によって、季節によって、作り手によって……。説明を始めたらきりがないほどです。身近なラタトゥイユでさえそうです。夏はフレッシュトマトを使い、冬は揚げ野菜でこくを出して。ちょっとした違いですが、そのどちらもおいしいのです。

夏バージョン

野菜はすべて大きく切って、オリーブ油でじっくり炒めてから生のトマト(またはトマト缶)を加え、塩、こしょう、タイム、ローリエを入れて、ふたをして20分煮る。

材料：作りやすい分量
なす　2本
ズッキーニ　2本
パプリカ（赤、黄）　各1個
玉ねぎ　1個
にんにく　2かけ（半分に切ってつぶす）
トマト　5個またはトマト缶　1缶
タイム（小枝）　2〜3本
ローリエ　1〜2枚
塩、こしょう、オリーブ油　各適量

冬バージョン

野菜はすべて細かく切って、それぞれオリーブ油で揚げておき、油をきってフライパンに入れ、トマト缶、塩、こしょう、タイム、ローリエを加え、ふたをして20分煮る。

たまには残り物でいいと割り切って。その分、ゆったり過ごす時間を大切にしたいから

料理作りは毎日のこと。料理を仕事にしている私も、「きょうは何も作りたくないなあ」と思う日があります。そんなときはお店のお惣菜でもいいし、家の残り物を並べればいっそうほっと温かい食卓になると思います。

　ロマンのお母さんは、その週に残った残り物を、週末にまとめて食べています。週末は遊ぶのに忙しいからというわけではなく、「休みは休み。何もしないの」と家でのんびり過ごしています。

　フランス人にとって食は文化で、幼いころから食教育が充実していますが、手作りでなくちゃとか、毎日何か作らなくちゃ、という感覚はありません。いらいらしながら作って食事が始まるより、ゆったり過ごす食卓がいちばんだと思っているからです。

　食事は、家族と住んでいれば楽しいおしゃべりタイムだし、一人住まいなら一日の疲れをいやすホッとする時間。だから、残り物だけですませることにまったく抵抗がないようです。

　ロマンのお母さんのように、きょうは残り物を片づける日！と宣言して、冷凍庫を探索してテーブルに並べると、「あ、これおいしかったな」なんて思い出して、気分もアップ。

　煮込みはそんなときに重宝します。2、3日残す程度なら鍋ごと冷蔵庫に入れておけばいいし、冷凍で保存しても味が変わりません。

　煮込みをメインに残り物を並べて、パンかご飯を添えて、あれこれと食べる食卓も楽しいものです。

オーブンで煮る

私は蒸し煮にもオーブンをよく使います。下ごしらえをしたり、切ったりした食材に、下味をつけてオーブンに入れるだけで手間がかかりませんし、その熱に包み込まれた食材がしっとりやわらかく煮えて、とにかくおいしいからです。

オーブンも機種によって使い勝手が変わりますし、どうしても〝くせ〟が出やすいものです。

蒸し煮の場合はお菓子ほどの影響はありませんが、レシピの温度や時間は目安にして、ご自分のオーブンに合わせて調節してください。

また、オーブンに入れる前に、予熱することもお忘れなく。

オイルサーディン

Sardines à l'huile

もともとは劣化しやすいいわしを長くおくための保存食。だから、オリーブ油は上等でなくてかまいません。低温のオーブンでじっくり時間をかけて煮るので、身はやわらかいままで煮くずれしません。相性のいいじゃがいもと食べたり、身をほぐしてパンにはさんだり、サラダに加えたり。残った油は炒め物に、あるいは次回まで冷蔵しておき、上手に使いきります。

材料：作りやすい分量
いわし　10〜12尾
［塩　魚の0.8〜1%、こしょう　適量
にんにく（スライス）　3〜4かけ
タイム（小枝）　6〜7本、ローズマリー（小枝）　2〜3本
オリーブ油　適量
付け合わせ
［蒸しじゃがいも　92ページ参照

大きめで少し深さがあるグラタン皿があると便利。いわしの数は手持ちのグラタン皿に合わせて調節を。

1 いわしははらわたとえらを取ってよく洗い、ペーパータオルで水分をしっかりふき取り、しっかりめに塩、こしょうをする。

2 **1** をグラタン皿に並べ、にんにく、タイム、ローズマリーをのせ、オリーブ油をひたひたになるまで注ぐ。

3 **2** にアルミホイルをしっかりかけて覆い、120℃のオーブンに入れて１時間ほど煮込む。その間に蒸しじゃがいもを作る。

4 グラタン皿を取り出して器に盛り、じゃがいもを添えていただく。

スペアリブは豚の骨つきあばら肉。脂がのった肉質で骨からもうまみが出るので、蒸し煮には最適です。ペコロスとにんじんをたっぷり加えるとごちそう感が増し、大きなグラタン皿をテーブルにどんと置くだけで盛り上がります。それに、オーブンに入れている時間で別の料理も作れるので、家族や友人たちが集まる日におすすめです。

材料：作りやすい分量
スペアリブ　10〜12本（大きさによって）
［塩　肉の0.8〜1%、こしょう　適量
オリーブ油　大さじ2
生しいたけ　6〜8枚
ペコロス　10〜12個
にんじん（細）　2〜3本
白ワイン　100mℓ
コンソメキューブ　1個
タイム（小枝）　2〜3本、ローリエ　1〜2枚
付け合わせ
［エクラゼドポム　92ページ参照

スペアリブブレゼ

Carré de porc braisé

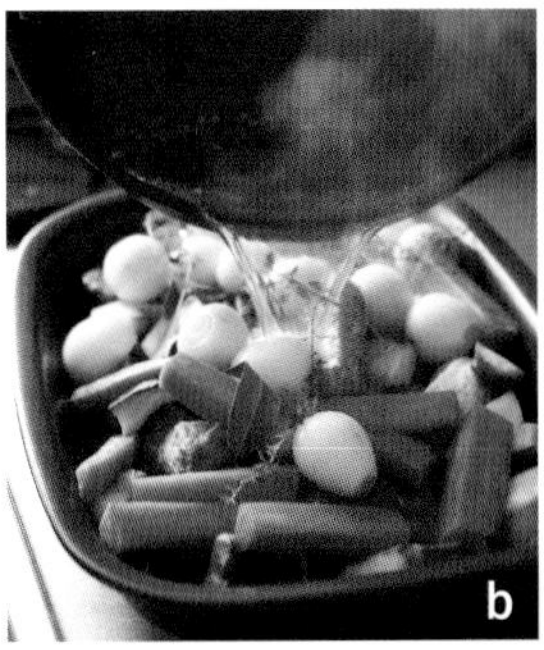

1 スペアリブはペーパータオルで水分をふき取り、しっかりめに塩、こしょうをする。にんじんは6〜7cm長さの四つ割りにする。

2 フライパンにオリーブ油をひいて強火にかけ、**1**の肉を入れて表面に焼き色がつくまで焼き、グラタン皿に並べる（**a**）。

3 **2**のフライパンで、大きく切ったしいたけをさっと炒めてグラタン皿に移し、ペコロスとにんじんも同様にさっと炒めてグラタン皿に移す。空いたフライパンに白ワイン、水1カップを加え、沸騰させてうまみをこそげ落とし、タイム、ローリエ、コンソメを加え、グラタン皿に注ぎ入れる（**b**）。

4 アルミホイルをしっかりかけて覆い（**c**）、180〜200℃のオーブンで1時間煮込む。その間にエクラゼドポムを作る。

5 **4**を取り出して皿に取り分け、エクラゼドポムを添える。

ねぎとベーコンのブレゼ

Poireaux braisés

長ねぎをベーコンで巻いてフライパンでさっと焼き、オーブンに入れて蒸し煮にします。長ねぎがとろりと甘くなって、ことのほかおいしい！　ねぎの種類によって、味わいが変わると思います。地元野菜でぜひお試しください。

材料：作りやすい分量
長ねぎ　3〜6本
スライスベーコン　8〜12枚
油　大さじ1
コンソメキューブ　1個
タイム（小枝）　2〜3本、
ローリエ　1〜2枚

1 長ねぎは5〜6㎝長さに切って、何本かまとめてベーコンで巻く。

2 フライパンに油をひいて、**1**の巻き終わりを下にして置き（写真）、火にかけて少し焼いたら返して、上面も軽く焼く。

3 **2**をグラタン皿に並べ、空いたフライパンにコンソメ、水1カップ、タイム、ローリエを加えて沸騰させ、グラタン皿に注ぎ入れる。

4 アルミホイルをしっかりかけて覆い、180〜200℃のオーブンで30〜40分焼く。

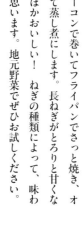

サーモンときのこのマスタード煮込み

Saumon aux champignons à la moutarde

サーモンには生クリームと粒マスタードがよく合います。やはり相性のいいきのこをたっぷり組み合わせて、手軽に作れるごちそうをどうぞ。

材料

サーモン　2さく（400g）
［塩　肉の0.8〜1%、こしょう　適量
きのこ（しいたけ、しめじ、
　マッシュルーム、エリンギ）　3〜4パック
タイム（小枝）　2〜3本、ローリエ　1〜2枚
白ワイン　100mℓ
コンソメキューブ　1個
生クリーム　50〜100mℓ
粒マスタード　大さじ2
付け合わせ
［フライドポテト（冷凍の市販品）

1 きのこは大きめに切って、グラタン皿に並べる。

2 サーモンは水分をふき取り、それぞれ二等分に切って、しっかりめに塩、こしょうをして、きのこの上にのせる。

3 タイム、ローリエをのせ、白ワイン、水½カップ、コンソメを加えて、アルミホイルをしっかりかけて覆い、180〜200℃のオーブンで30〜40分焼く。

4 時間をみて、冷凍のフライドポテトを少ない油（分量外）で揚げる。

5 サーモンを取り出し、アルミホイルに包んで休ませる。グラタン皿に生クリーム、粒マスタードを加えて味をみて足りなければ塩、こしょう（各分量外）で調え、さらに5分オーブンで焼く。

6 サーモンを皿に盛り、ソースをかけ、フライドポテトを添える。

付け合わせ

蒸しじゃがいも

じゃがいもは皮つきのままよく洗い、水がついたまま1個ずつラップで包む。3個につき電子レンジで5分加熱し、上下を返して5分加熱する。よく冷めたら皮をむく。

じゃがいものピュレ

じゃがいも4～5個は皮をむいて3㎝の厚さに切り、火が通るまでゆでる。鍋の湯をきって、バター30g、牛乳150～200㎖を加え、なめらかになるまでよく混ぜる。

エクラゼドポム

蒸しじゃがいもを4～5個用意し（右参照）、フォークでつぶして、バター30gをよく混ぜ、細かく刻んだパセリまたは小ねぎを加え、よく混ぜる。

ほうれん草のバターソテー

ほうれん草1束はざく切りにする。フライパンを熱してバター大さじ2を溶かし、軽く色づいたらほうれん草、つぶしたにんにく2かけを加え、さっと火を通して、軽く塩、こしょうをする。

青野菜のバター煮

フライパンに湯を沸かし、小房に分けたブロッコリーを加え、沸騰したらへたを取って半分の長さに切ったいんげん、グリーンピースを順に加えて火を通す。湯をきり、ほんの少し残った湯とバターを混ぜ、乳化させて仕上げる。

にんじんグラッセ

にんじん2〜4本は輪切りにして鍋に入れ、たっぷりの水を注いで、砂糖大さじ2を加え、火にかける。中火で30〜40分煮つめながら煮て、ゆで汁がなくなったらバター10gを混ぜる。

バスマティライス

鍋に湯を沸かし、沸騰したらバスマティライスを入れ、火が通るまで12〜15分ほどゆでて、ざるに上げる。

マッシュルームソテー

マッシュルーム2パックは縦半分に、厚切りベーコン100gは棒状に切る。フライパンにバター大さじ2を入れて火にかけ、マッシュルームがきつね色になるまでじっくり焼く。ベーコンを加えて軽く焼き色をつけたら、塩、こしょうで味を調え、にんにくのみじん切り少々を加え、香りが出るまでさっと炒め、パセリのみじん切りをふる。

フェットチーネ

フェットチーネ200gを袋の表示の時間通りにゆで、ゆで汁100㎖とバター20gをからめながら煮つめる。

バターライス

フライパンを熱してバター20gを溶かし、玉ねぎのみじん切り¼個分をじっくり炒め、米2合を加えて透明になるまで炒める。炊飯器に移して、2合の目盛りで水加減をして炊く。

コンキリオーニ

大きな貝殻形のパスタ、コンキリオーニ。200gを袋の表示通りにゆで、ゆで汁100㎖とバター20gをからめながら煮つめる。

築百二十年の古民家を、
職人さんや仲間と一緒に改装中。
畑で野菜を育てて
採りたての野菜で料理したい。

子どもたちにも
食べ物が育つようすを
見せたいから

「小さな図書館も作ります。本に囲まれた家族の勉強部屋です」

2023年の春、私たち家族は東京から車で3時間のいなかに引っ越しました。

たまたま見つけた古民家を改装して住むことに決め、完成するまで近くで仮住まいをしながら、職人さんと一緒にリフォーム作業を楽しんでいます。

古民家はどっしりした柱と梁が頼もしく、「あと百年は住めるよ」と職人さんのお墨付きです。

古い家を壊して新しく建て直すほうが簡単で、梁をこのまま使いたい、すりガラスの窓をキッチンに持っていきたいなどと、古い家の素敵なところを上手に残しながらリフォームするのは本当に手間で、住めるようになるのはまだまだ先ですが、歴史の積み重ねを感じられるのが好きで買った古民家です。完成を心待ちにしているところです。

母屋の隣には農具小屋があって、そこは図書館にする予定です。

私は、自分の家を持ったら小さくていいから図書室を作りたい、とずっと思ってきました。本がたくさんあって、置き場所に苦労してきたからです。これまで引っ越しのたびに処分しなくてはいけなくて、本当につらかった。私は本を何度も読み返すので、本にはそのときどきの思い出も一緒につまっています。

池を作って、家のまわりを多様な自然に囲まれた空間にするのがロマンの夢。

だから農具小屋を見たとき、ここを図書館にしようと即座に決めました。

私はこれからもずっと料理の勉強を続けるだろうし、料理本はどんどん増えていくでしょう。

子どもたちも、成長するにしたがって、ここで本を手に取りながら勉強を教え合ってくれたらいい。

ロマンも日本語の勉強を続けるだろうし、子どもから日本語を教えてもらったり、私も子どもたちからフランス語を教えてもらったりするでしょう。こうしてみんなが同じ場所で、本に囲まれながら勉強する。そんな夢を描いています。

Shima Tassin

タサン志麻

山口県出身、フランス人と結婚し、三人の子どもの母となる。大阪あべの・辻調理師専門学校、同グループ・フランス校を卒業し、ミシュランの三つ星レストランでの研修を修了。その後、日本の有名フランス料理店で経験を積む。2015 年にフリーランスの家政婦として独立。家事代行マッチングサービスで定期契約顧客数がナンバーワンになり、「予約が取れない伝説の家政婦」と呼ばれるように。NHK「プロフェッショナル　仕事の流儀」でその仕事ぶりが放映され、年間最高視聴率を記録。現在はテレビ、雑誌、書籍など、さまざまなジャンルで活躍し、男女を問わず幅広い年代から支持を得ている。

アートディレクション ● 昭原修三
デザイン ● 植田光子
撮影 ● ローラン麻奈
スタイリング ● 久保原惠理
取材・文 ● 艸場よしみ
(p.4 ～ 11、p.68 ～ 69、p83、p.94 ～ 95)
校正 ● 田中美穂
編集 ● 浅井香織（文化出版局）
プリンティングディレクター ● 杉浦啓之（TOPPAN）

作りおきに、お弁当に、アレンジ料理に 忙しい人こそ「煮込み料理」を！

2024 年 3 月 30 日　第 1 刷発行

著　者　タサン志麻
発行者　清木孝悦
発行所　学校法人文化学園　文化出版局
〒 151-8524　東京都渋谷区代々木 3-22-1
電話 03-3299-2565（編集）
03-3299-2540（営業）
印刷所　TOPPAN 株式会社
製本所　大口製本印刷株式会社

文化出版局のホームページ　https://books.bunka.ac.jp/